Wilhelm Schmid

Gelassenheit

*Was wir gewinnen,
wenn wir älter werden*

Insel Verlag

9. Auflage 2014

Erste Auflage 2014
© Insel Verlag Berlin 2014
Druck: CPI – Ebner & Spiegel, Ulm
Printed in Germany
ISBN 978-3-458-17600-8

Inhaltsverzeichnis

Vorwort

Am Anfang war es nur ein Phänomen, das mich erstaunte, eine Beobachtung, die mich nachhaltig beschäftigte. Als ich meinem 50. Geburtstag näher kam, hielt ich erstmals einen Vortrag über das, was mir zu denken gab: Das Älterwerden. Ältere Menschen sprachen mich daraufhin an: »Schöner Vortrag, junger Mann, aber das alles können Sie doch noch gar nicht wissen!« Meine Überlegungen gingen in der Tat nicht aus dem eigenen Älterwerden hervor, sondern dem meiner Mutter. Ich bewunderte sie dafür, mit welcher Gelassenheit sie es lebte, so bemerkenswert anders als so viele Andere, und ich schaute ihr über die Schulter, um so viel wie möglich von ihr zu lernen, nur für den Fall, dass ich es mal brauchen könnte. Worauf beruhte diese Gelassenheit? Wie konnte ich sie in ferner Zukunft einmal selbst erlangen?

In jenem Vortrag machte ich mich darüber lustig, dass vom »Älterwerden« die Rede ist: Ist älter nicht die Steigerungsform von alt? Wollen Menschen also

lieber älter sein statt alt? Wenn ich 60 werde, ver-
kündete ich vollmundig, werde ich mich selbst
nicht als »älter« bezeichnen, »alt« zu sein werde mir
genügen. Ohnehin würde die Frage des Umgangs
mit dem Älterwerden bald nur noch eine historische Erinnerung ans Alter im Moment seines Ver-
schwindens sein, an dem Forscher in aller Welt hart
arbeiteten: Ich als einer der Letzten, die das Älterwerden noch erleben dürften. Ich sei freudig bereit,
es so zu nehmen, wie es kommen werde, um alle
Kraft darauf zu verwenden, so gelassen wie möglich
damit zu leben: Es einfach zu akzeptieren, nicht dagegen zu opponieren, es weder schönzufärben noch
schlechtzureden, sondern es in seiner ganzen Spann-
weite zwischen Erleichterungen und Erschwernis-
sen, Schönheiten und Schrecklichkeiten wahrzunehmen, nicht durch eine rosarote Brille, nicht
durch eine dunkle, sondern durch eine möglichst
klarsichtige, denn die nüchterne Sicht der Dinge ist
doch wohl das große Privileg des Älterwerdens!
Mittlerweile ist es so weit, 60, also alt. Die Wahrheit ist: Es fällt mir nicht leicht. Gelassen bin ich
nicht. Am 60. Geburtstag überkam mich eine gro-

ße Traurigkeit über den Abschied von den Fünfzigern, die sehr schön waren und die ich nie mehr erleben werde. Zehn Jahre zuvor betrübte mich schon der Abschied von den Vierzigern, die es in sich hatten, während ich den kommenden Jahren nichts zutraute. Sicher, das sind nur Zahlen, aber sie signalisieren Realitäten, die sich heranschleichen und plötzlich ins Bewusstsein springen: Die vergangene Zeit wird gestreckt, die kommende gestaucht, der Tod rückt näher. Alle gedankliche Vorbereitung darauf kann die Erfahrung nicht vorwegnehmen, wie sich das anfühlt, wenn es ernster wird. Sprüche, die das Älterwerden abzutun versuchen, sind begrenzt wirksam: Man ist so alt, wie man sich fühlt? Klar, aber meist ist man älter.* Das Gefühl kann an diesem Faktum nichts ändern, ganz im Gegenteil: Es stiftet nur dazu an, sich darüber hinwegzutäuschen. Nicht jede Täuschung ist

---

* Hervorgehoben werden hier und im gesamten Buch sentenzenhafte Verdichtungen, die überblicksweise eine rasche Lektüre einzelner Aussagen ermöglichen. Während der Arbeit am Manuskript wurden sie vom Autor in teils veränderter 140-Zeichen-Form getwittert: @lebenskunstphil.

schlecht, aber hier wird letzten Endes nur die Enttäuschung größer, wenn trotz flotter Sprüche gegen die Wahrheit nicht anzukommen ist.

Das Alter stellte ich mir lange Zeit als geruhsames Leben auf einer sonnigen Terrasse vor, zurückgelehnter Blick ins Weite, zufrieden mit mir selbst und der Welt. Was mir bisher fehlt, ist die Terrasse, folglich auch der Rest. Sicher ist nur: Ich will keiner von den Alten sein, die um den Preis der eigenen Lächerlichkeit jung bleiben wollen. Ich will kein Wutgreis sein, der seine Wut über das vergehende Leben an allem auslässt, was auflebt. Ich will nicht in Kampfmontur ausrücken, mit dem fordernden Blick derer, die sicher sind, immer richtig zu liegen, um die letzten Kräfte in Altersaggressionen gegen die Jüngeren abzureagieren, die immer alles falsch machen. Die Jüngeren, bin ich überzeugt, haben immer recht, und wenn nicht, haben sie dennoch recht, soll heißen: Sie haben alles Recht der Welt, ihre eigenen Erfahrungen zu machen. Sollten es schlechte Erfahrungen sein, werden sie daraus lernen.

Gelassen leben kann ein Mensch nur mit dem, was

er als wahr akzeptiert – ansonsten benötigt er alle Kraft für die Leugnung des angeblich Unwahren, das dennoch existiert. Ein Aspekt der Wahrheit des Älterwerdens ist, dass dieses Werden mehr als jedes andere mit der Vergänglichkeit konfrontiert ist. Das war immer schon so, aber in moderner Zeit wurde ein Ärgernis daraus, denn alles ist technisch machbar, warum nicht auch die ewige Jugend? Auch ich hätte sie gerne, aber was wäre das für ein Leben? Auch ich hätte das Leben gerne rundum positiv und angenehm, aber wird nicht gerade dadurch das Negative und Unangenehme zum größeren Problem? Statt alle Kräfte im Kampf gegen das Älterwerden zu verpulvern, will ich lieber das in die Falten eingegrabene Leben selbstbewusst vor mir hertragen.

Leben zu lernen mit dem eigenen Altern wird zur neuen Aufgabe, um eine Kunst aus dem zu machen, was einst eine Selbstverständlichkeit war: *Art of Aging* statt *Anti-Aging* – eine Kunst des Älterwerdens, um mit diesem Prozess zu leben, statt dagegen anzuleben. Eine Lebenskunst im Umgang mit dem Älterwerden kann helfen, mit den Herausfor-

derungen, die diese Phase bereithält, so zurechtzukommen, dass das Leben schön und bejahenswert
bleibt – und wenn nicht mehr das eigene Leben in
dieser Zeit, so doch das Leben als Ganzes.

Die Lebenskunst ist seit langem mein Thema,
nicht weil ich sie habe, sondern weil ich sie brauche. Der Begriff der Lebenskunst stammt aus der
antiken Philosophie, griechisch *techne tou biou,
techne peri bion*, lateinisch *ars vitae, ars vivendi*,
»Kunst des Lebens« im Sinne eines bewusst geführ-
ten Lebens. Unter Lebenskunst wird im populären
Sprachgebrauch oft das sorglose Dahinleben verstanden. Das ist eine Option für jeden, der davon
Gebrauch machen will, aber keine besondere Anstrengung, die den Namen Kunst verdienen würde. Eine andere, anspruchsvollere Option ist die
immer neue Orientierung des Lebens im Denken.
Eine solche Bewusstheit ist nicht ständig möglich,
aber das ist auch nicht nötig, denn es genügt ein
Innehalten und Nachdenken von Zeit zu Zeit, jetzt
in Bezug auf das Älterwerden: Was bedeutet das?
Wie verläuft das? Wo stehe ich im Moment? Was
kommt auf mich zu? Wie kann ich mich darauf

vorbereiten? Was steht in meiner Macht, was nicht? Lebenskunst als Besinnung, um auch in dieser Phase Sinn zu finden, dem Leben Sinn zu geben und ein bewusstes Leben zu führen – falls es nicht reizvoller erscheint, einfach nur so dahinzuleben.

Das Problem des Älterwerdens in moderner Zeit ist, dass es für sinnlos gehalten, ja, sogar als Krankheit betrachtet wird, die frühzeitig erkannt und entschieden bekämpft werden muss, bis sie endlich irgendwann wegoperiert werden kann. Die Deutung des Älterwerdens als etwas, das keinen Sinn hat, sodass mit allen Mitteln dagegen vorzugehen ist, könnte ein Auswuchs des überschießenden *Ichismus* in moderner Zeit sein, der das ewig junge Ich propagiert: Ich – für immerdar und ewiglich. Im Bittgebet und Schlachtruf *Forever Young* (Song der Münsteraner Band *Alphaville*, 1984, endlos gecovert) kommt das Begehren danach zum Ausdruck. Wenn aber eine Deutung allein zu herrschen beginnt, wird eine andere Deutung zur Pflicht, denn Monokulturen von Deutungen gefährden das Leben: Sie schläfern es ein, nur der Widerspruch erweckt es wieder zum Leben. Eine andere Deutung, die zum Kennzeichen einer veränderten, anderen Moderne werden könnte, ist die, dass das Älterwerden Sinn hat. Welchen?

Ein *natürlicher* Sinn des Älterwerdens könnte die allmähliche Gewöhnung des Einzelnen an die Tatsache sein, dass sein Leben sich neigt – eine Fürsorge der Natur für ihr Geschöpf, dieses herrische Sensibelchen namens Mensch. Auch die Natur kennt ja das Prinzip *Forever Young* – sie verfährt dabei nur ganz anders als die moderne Kultur: Ewig jung bleibt sie, indem sie Leben vergehen und neues Leben entstehen lässt. Sie könnte jedes Leben auch mit einem schnellen Schnitt, einem *Cut* beenden, diesem Wunschtod vieler, der aber nicht für viele in Erfüllung geht, denn die Natur bevorzugt den langsamen Prozess des Älterwerdens: So bleibt Zeit, dem heranwachsenden Leben beizustehen, Erfahrungen weiterzugeben und neue Erfahrungen zu machen. Diesem Sinn gemäß zu leben heißt dann, floral gesagt: So lange fortzublühen für sich und Andere, wie es ein mehr oder weniger unverwüstliches Gewächs vermag – und einverstanden zu sein mit dem Verblühen. Das Leben zu feiern, solange es währt, das eigene und alles Leben – auch über das eigene hinaus. Die reife Fülle des Lebens zu erfahren – und dessen zeitliche Grenze gelassen hinzunehmen. Bin ich dazu in der Lage?

Ein *kultureller* Sinn, der dem Älterwerden gegeben werden kann, ist die Entdeckung von Ressourcen, die das Leben leichter und reicher machen, gerade jetzt. Eine solche ist die *Gelassenheit*. Es scheint an ihr zu fehlen: Die Moderne wühlt die Menschen dermaßen auf und wirbelt ihr Leben so sehr durcheinander, dass die Sehnsucht nach Gelassenheit wächst. Sie war ein großer Begriff in der westlichen Philosophie seit Epikurs *ataraxia* (»Nicht-Unruhe«) im 4./3. Jahrhundert v. Chr., in der christlichen Theologie seit Meister Eckharts *gelazenheit* im 13./14. Jahrhundert. In der Moderne aber geriet sie in Vergessenheit. Sie fiel dem stürmischen Aktivismus, dem wissenschaftlich-technischen Optimismus zum Opfer, ihre Zurückhaltung galt nicht als Tugend. Die simulierte *Coolness*, die an ihre Stelle trat, hielt immerhin die Erinnerung an ihre humane Wärme und Tiefe wach. Eine bestimmte

Lebenszeit schien lange wie geschaffen für die Gelassenheit: Das Älterwerden. Aber auch daraus ist eine stürmische Zeit geworden, die Gelassenheit will nicht mehr so ohne Weiteres gelingen. Wie ist sie wiederzugewinnen? Kann die älter werdende Gesellschaft eine gelassenere werden?

Ich bin nicht im Besitz der Gelassenheit, aber sie erscheint mir erstrebenswert, um ein schönes Leben führen zu können. Ein Gewinn ist sie sicherlich in jeder Lebensphase, insbesondere aber beim Älterwerden, wenn das Leben schwieriger und ärmer zu werden droht. Gelassenheit zu gewinnen, ist vielleicht überhaupt erst im Laufe des Älterwerdens möglich: Es fällt leichter, gelassen zu werden, wenn nicht mehr alles im Leben auf dem Spiel steht und die Hormone sich etwas beruhigt haben, der Schatz der Erfahrungen größer, der Blick weiter, die Einschätzung von Menschen und Dingen treffsicherer geworden ist.

Dieses Buch ist der Versuch, die *10 Schritte zur Gelassenheit* ausfindig zu machen, die sich aus Beobachtungen, Erfahrungen und Überlegungen erschließen lassen. Es geht dabei um eine *gelassene*

Gelassenheit, nicht um eine *protzende*, provozierende (»Seht her, wie gelassen ich bin«). Und es geht darum, Gelassenheit nicht einfach nur zu proklamieren, sondern gemeinsam mit dem Leser, der Leserin einen lebenspraktischen Weg zu ihr zu finden. Ein erster Schritt auf diesem Weg ist die Bereitschaft, sich Gedanken zu den Zeiten des Lebens zu machen, das eben nicht zu jeder Zeit dasselbe ist, und ein Verständnis für die Eigenheiten der Zeiten des Alt- und Älterwerdens zu entwickeln, um sich besser auf sie einlassen zu können.

I.

Gedanken zu den Zeiten des Lebens

Was ist eigentlich Leben? Etwas, das intensiv spürbar ist, dann wieder gar nicht, scheinbar immer gleich, dann wieder ganz anders, zuweilen äußerst abwechslungsreich, dann wieder reine Gewohnheit. Es bringt Lüste und Glück, aber auch Schmerzen und Unglück mit sich, und niemand weiß, wie die Aufteilung dazwischen genau funktioniert. Es lässt Menschen nach Berührung und Beziehung suchen, die sie dann wieder fliehen, und es verlangt ihnen Besinnung ab, um dann wieder besinnungslos dahinzutreiben. *Polarität* ist ein Grundzug des Lebens: Es pulsiert zwischen gegensätzlichen Polen wie Freude und Ärger, Angst und Hoffnung, Sehnsucht und Enttäuschung. Und zwischen Werden und Vergehen, lange Zeit in der Geschichte als unabänderliches Schicksal akzeptiert. Unentwegt entsteht und vergeht etwas. Jedes Werden geht mit einem Vergehen einher, jedes Vergehen mit einem Werden, auch das Älterwerden. In moderner Zeit aber ist das Leben mit diesem Grundzug der Polarität fragwürdig geworden. Wie lässt sich der gelassene Umgang damit neu erlernen?

Es hilft, sich die unterschiedlichen *Zeiten des Lebens* vor Augen zu führen, um ihren Besonderheiten gerecht werden zu können. Sie scheinen Ähnlichkeiten mit einem Tageslauf zu haben: Während manche morgens flott aus den Federn kommen, tun Andere sich schwerer damit. Dann aber ist die Euphorie über den noch jungen Tag oft groß: Unendlich viel Zeit steht zur Verfügung, viele Möglichkeiten stehen offen, im Vollbesitz der Kräfte wächst die Freude an der Arbeit der Verwirklichung, Alltagsgeschäfte lassen sich nebenbei erledigen, bis unversehens die Mittagspause schon da ist. Ein Nachmittag schließt sich an, der sich endlos hinziehen kann. Trägheit stellt sich ein, Müdigkeit lähmt die Glieder, eine gähnende Leere tut sich unerwartet auf, wie ist sie durchzustehen? Der Nullpunkt des alltäglichen Lebens wird von der plötzlichen Erkenntnis durchbrochen, dass der Tag zu Ende geht und eigentlich noch so viel zu tun wäre. Keine Panik, nach dem Abendessen steht dafür der

Rest des Tages zur Verfügung. Vordringlicher ist abends dann allerdings der Gesprächsbedarf in der Familie, im Freundes- und Bekanntenkreis, bis sich Müdigkeit breitmacht und nichts Anderes mehr übrig bleibt, als sich dem Schlaf zu ergeben.

Ähnlich verhält es sich mit den Zeiten des Lebens, wenngleich sie individuell höchst unterschiedlich ausfallen können, auch anders und feiner einzuteilen sind. Es ist ein Schritt zur Gelassenheit, ihnen die Zeit zu geben, die sie sich ohnehin nehmen. Das *erste Viertel des Lebens* entspricht dem frühen Morgen: Selbst wenn das Aufstehen mühsam ist, stehen dem jungen Menschen in den ersten Jahren und Jahrzehnten seines Lebens zahllose Möglichkeiten offen: Alles kann aus ihm werden. Er kann sich unsterblich fühlen im unendlichen Raum der Möglichkeiten, den er sich durch Spielen, Ausprobieren und Bildung erschließen kann. Es ist ein Leben im Vollgefühl des offenen Horizonts, die Zeit eines *möglichen Könnens*. »Ich kann das« heißt in dieser Zeit: Ich könnte, wenn ich nur wollte.

Vom Anfang des Lebens an geschieht dabei ein Älterwerden, oft kaum merklich, dann in Schüben, die nicht so rasch zu bewältigen sind, wie sie überraschend kommen. Älter werden alle schon im Mutterleib, ohne es zu bemerken, ein dreijähriges Kind will dann rasch sechs, ein sechsjähriges zwölf, ein zwölfjähriges endlich 18 sein. Durch die Irritationen der Pubertät hindurch gewinnt das Älterwerden schließlich ganz andere Konturen als in den zurückliegenden Jahren. Konnte es den Kindern nicht schnell genug gehen, geht es den jungen Erwachsenen viel zu schnell, für Gelassenheit bleibt da wenig Raum. Manche wissen nun genau, was sie wollen, und wollen eilig weiterkommen, Andere suchen noch und wollen an diesem Punkt lieber schon umkehren: »Ich fürchte mich davor, älter zu werden«, sagt mir eine 20-Jährige. Eventuell geht die Pubertät nahtlos in eine große Lebenskrise über, erste Enttäuschungen bei der Verwirklichung von Möglichkeiten in Beziehungen und Tätigkeiten verursachen womöglich eine *Quarterlifecrisis* (Abby Wilner und Alexandra Robbins, 2001).

Es geschieht sehr viel im ersten Viertel, fast beliebig viel lässt sich experimentieren, und alle Erfahrungen, die dabei gemacht werden, finden im Laufe des Lebens wieder Verwendung. Der Übergang zum *zweiten Viertel des Lebens* vollzieht sich als fliegender Wechsel, und erst am späteren Vormittag, um den 30. Geburtstag herum, stellt sich die Ahnung ein, dass der Horizont nicht auf Dauer so offen bleiben wird, wie es lange den Anschein hatte. Das ist nicht an die Jahreszahl gebunden, die zeitliche Schwankungsbreite ist groß, aber erstmals bricht die Frage auf: Welche Pläne lassen sich noch realisieren?

Die Zeit drängt, wenn es darum geht, langwierige Projekte in Angriff zu nehmen, etwa eine Familie zu gründen und berufliche Ziele zu erreichen. Größer als der äußere Druck ist der innere, endlich Festlegungen zu treffen und in der Beziehung zu sich, zu Anderen und zur Welt an der Umsetzung von Ideen und Zielen zu arbeiten, sofern überhaupt jemals etwas verwirklicht werden soll. Kennzeichnend für diese Phase ist der Abschied vom Konjunktiv (»Ich könnte, wenn ich nur wollte«), um ein *wirkliches Können* unter Beweis zu stellen. »Ich kann das« heißt jetzt, tatsächlich etwas ins

Werk zu setzen, auch über längere Zeiten hinweg und durch größere Schwierigkeiten hindurch. Die Begeisterung für die Arbeit daran übertrumpft die mögliche Überforderung des eigenen Selbst. Das starke Gefühl, mitten im Leben zu stehen, gestresst, aber kraftvoll und unbesiegbar, macht es leicht, das Älterwerden wieder zu vergessen.

Im vollen Lauf überqueren Menschen dann zwischen 40 und 50 Jahren die Mitte des Tages, die *Hälfte des Lebens*, gemessen daran, dass eine Lebensdauer von 80, 90 oder 100 Jahren in einer modernen Gesellschaft nicht völlig unwahrscheinlich ist (Stand frühes 21. Jahrhundert). Von nun an wird die Zahl der kommenden Jahre immer kleiner sein als die der vergangenen. Das Älterwerden ist einem auf den Fersen wie ein Stalker, der sich an kein Distanzgebot hält und dafür nicht einmal belangt werden kann. Das natürliche Einstimmen von Körper, Seele und Geist auf eine neue Lebensphase geht mit Turbulenzen einher, die an die Irritationen der Pubertät erinnern und sich ebenfalls Jahre hinziehen können. In der Zeit, in der das Lebensgefühl nach einem üppigen Mittagsmahl gesättigt, aber auch etwas gelähmt ist, wirkt das wie ein Schock. Gelassenheit ist in dieser Zeit wohl nur möglich, wenn die Bereitschaft groß ist, sich diesem Übergang zu überlassen.

Mit *Midlifecrisis* und *Wechseljahren* wandelt sich die Perspektive auf das Leben von Grund auf: Was lange ein *prospektives* Leben war, nach vorne offen und der Zukunft zugewandt (»Wie wird mein Leben sein? Was möchte ich erreichen und was kann ich dafür tun?«), wird mehr und mehr zu einem *retrospektiven* Leben, nach vorne enger werdend und folglich eher der Vergangenheit zugewandt (»Wie verlief mein Leben? Was habe ich bisher gemacht und erreicht?«).

War es in jüngeren Jahren nicht von Interesse, vom Älterwerden, Sterben und Tod irgendetwas zu sehen und zu hören, drängt sich der Gedanke daran jetzt von selbst auf, wenn er nicht mit Gewalt abgewiesen wird. Die eigene Lebenssituation verändert sich, und die neuen körperlichen und seelischen Erfahrungen wirken sich prompt auf die Sicht von Leben und Welt aus. Menschen sind an ihre Sichtweise gebunden, beeinflusst von ihrer Lebenssituation und ihrem Arbeitsumfeld, ihren Erfahrungen und Beziehungen. So dominant ist diese Sicht, dass eine andere kaum vorstellbar erscheint. Selbst wenn es möglich ist, sich in Andere, etwa Ältere oder Jüngere, einzufühlen und hineinzudenken, ist deren Blickwinkel dennoch nicht der eigene. Eingeschränkt ist sicher auch die Perspektive, die jetzt erreicht wird und die vorherige als überholt erscheinen lässt, aber sie geht mit einem anderen Leben und Denken einher. Das Wissen um die Begrenztheit des Lebens wächst – und bleibt doch weiterhin sehr theoretisch, denn praktisch liegt die Grenze meist noch in weiter Ferne.

2.

Verständnis für die Eigenheiten
des Alt- und Älterwerdens

Ein zweiter Schritt zur Gelassenheit beim weiteren Älterwerden ist der Erwerb eines Wissens von den Eigenheiten dieser Lebensphase, eine Aufgeschlossenheit für das Werden, das sie ermöglicht, und ein Verständnis für die Herausforderungen, die sie mit sich bringt. Das *dritte Viertel des Lebens* offeriert Jahre und Jahrzehnte, die lange voller Aktivität sein können, intensiviert von der Freude am Leben, diese wiederum von der Erkenntnis, dass sich die Möglichkeiten des Lebens reduzieren. Wer älter wird, erfährt, dass Möglichkeiten sich verschließen können. Das *große Aufbäumen* setzt ein: Das kann noch nicht alles gewesen sein! Nicht wenige versuchen, Möglichkeiten vor dem Verfall zu retten, indem sie bisherige Tätigkeiten aufgeben und bestehende Beziehungen abbrechen, um noch einmal etwas ganz Neues anzupacken.

Auch der Nachmittag des Lebenstages kennt ein

spezifisches, *exzellentes Können*. »Ich kann das« heißt jetzt mehr als je zuvor: Ich weiß, wie die Dinge laufen, und kann die vertrauten Abläufe wie im Schlaf steuern. Nachlassende Kräfte kann ich auf diese Weise auffangen (Kompensation). Die geistigen Kräfte scheinen sogar zuzunehmen, denn ich kann sie besser kanalisieren (Konzentration). Ich muss nicht mehr alles machen, was machbar ist, sondern kann sortieren und gezielter auswählen (Selektion). Was ich mache, kann ich verlässlich gut und sehr gut realisieren (Optimierung). Dieses Können ist eine Frage des Gespürs, das mit viel Erfahrung, guter und schlechter, entstanden ist und stets weiter verfeinert werden kann. Neue Wissensaneignung ergänzt den Erfahrungsprozess, ohne ihn ersetzen zu können. In der Arbeitswelt täten Unternehmen gut daran, auf den Erfahrungsschatz der Älteren zu setzen, die ihn gerne zur Verfügung stellen und an Jüngere weitergeben. Im besten Fall ließe sich der ungestüme Einfallsreichtum der Jüngeren mit der erfahrungsgesättigten Umsicht der Älteren verbinden. Gelänge das in der gesamten Gesellschaft, könnte deren Alterungsprozess dazu beitragen, die überhitzte Moderne abzukühlen und eine andere Moderne herbeizuführen.

Das größere Können des dritten Viertels sollte nicht nur berufliche Dinge, sondern alle Bereiche des Lebens umfassen, insbesondere den pfleglichen Umgang mit sich und Anderen. Besteht nicht sogar Aussicht darauf, beim Älterwerden endlich zum »Lebemeister« zu werden, wie Meister Eckhart genannt wurde? Liegt nicht darin die Erfüllung des Lebens und der Zweck aller Lebenskunst? Aber zum Meister wird nur, wer ausgelernt hat, in der Lebenskunst kann es daher keine vollendete Meisterschaft geben, das Leben bleibt vielmehr ein Lernprojekt bis zuletzt: Weiterhin ist neuen Erfahrungen und Herausforderungen, gesellschaftlichen Veränderungen und technischen Errungenschaften Rechnung zu tragen, kein Wissen kann zu letzter Gewissheit werden. Das ist nicht neu, schon Seneca zeigte sich im 1. Jahrhundert n. Chr. überzeugt: »Leben muss man das ganze Leben lang lernen« (*vivere tota vita discendum est*; *Von der Kürze des Lebens*, 7, 3).

Zu lernen ist nun, mit den merklichen Anzeichen

des Älterwerdens zurechtzukommen. Selbstfreundschaft heißt in dieser Phase, sich mit den befremdlichen Phänomenen des Alterns zu befreunden, die hier und da spürbar werden. Im Laufe des dritten Viertels ist das Altern an Anderen deutlicher wahrnehmbar, auch an mir selbst? Die Haare werden dünner und grauer, die Falten im Gesicht sichtbarer, die Zipperlein häufiger. Der Körper ist drauf und dran »einzurosten«, wenn er nicht in Bewegung gehalten wird. Auch wenn es ein Gewinn ist, schmerzliche Begleiterscheinungen des Älterwerdens abmildern zu können: Der verbissene Kampf dagegen gräbt die Falten nur noch tiefer in die Gesichtszüge des Kämpfenden. Neue Beziehungen anzubahnen fällt schwerer, im Gegenzug tritt der Wert der Vertrautheit mit Anderen klarer hervor, Freundschaften werden bewusster gepflegt. Die einst so heftigen Gefühlsaufwallungen beruhigen sich etwas, das Leben geht so seinen Gang, manchmal stellt sich fast Langeweile ein: Alles schon gesehen, nichts Neues unter der Sonne.

Mit dem 60. Lebensjahr aber steht mir schlagartig vor Augen, dass der Lebensnachmittag in überschaubarer Zeit zu Ende geht und es wohl besser ist, nicht alles auf den Abend zu verschieben. Die *Unsterblichkeitsblase*, von der ich mich lange umhüllt gefühlt hatte, auch wenn sie seit einiger Zeit schon Risse aufwies, ist zerplatzt. Ich kenne nun die Möglichkeiten meines Lebens, ich habe sie gelebt. Lange lagen sie im Nebel vor mir und schälten sich erst allmählich heraus. Jetzt liegen viele Möglichkeiten hinter mir und ich lebe in der Wirklichkeit, die sie mit oder ohne mein Zutun gewonnen haben. Sollte es noch andere Möglichkeiten geben, bricht die letzte Gelegenheit zu ihrer Realisierung an. Dringlicher als je zuvor stellen sich die Fragen: Woran will ich festhalten, was bleibt offen, was ist jetzt an der Zeit? Was ist mir wichtig, was sollte ich besser nicht länger aufschieben? Jetzt noch einmal das Leben von Grund auf durchrütteln? Nochmals Stress? Wie viel Zeit bleibt mir noch? Welche Pläne lassen sich noch realisieren? Wie kann ich die Welt, die sich so drastisch verändert, noch verstehen? Habe ich noch die Kraft dazu? Wie lange noch? Gelassenheit heißt jetzt, sich mit dem unscheinbaren Wörtchen »noch« anzufreunden. Dessen Häufung verweist untrüglich auf den fortschreitenden Prozess: »Sie sehen ja noch gut aus für Ihr Alter!« »Sie sind ja noch fit!« »Toll, dass Sie das noch im Kopf rechnen können!« »Schön, wie jugendlich Sie sich noch kleiden!« »Alles noch in Ordnung?« – Bitte nicht böse sein darüber, es ist niemals böse gemeint: Es soll trösten, aufmuntern und Mut machen. Und es ist schlicht wahr: Noch ist es so, aber es wird nicht so bleiben. Es ist die Zeit des *Noch*, in jeder Hinsicht: Noch kann ein Freund angerufen werden, um mit ihm zu plaudern. Noch bleibt Zeit für eine Entschuldigung, die angebracht erscheint. Noch ist es möglich und vielleicht auch fällig, »etwas zurückzugeben« und Danke zu sagen, gegenüber wem und wofür auch immer.

Ich erinnere mich häufiger an das, was war, an verpasste Chancen und schmerzliche Verluste, an genutzte Chancen und schicksalhafte Begegnungen, an Schlüsselsituationen und herrliche Erfahrungen, die nun heller glänzen als einst, da die Gegenwart dunkler zu werden scheint. Die Erfahrung, über Kräfte nicht mehr in solchem Maße wie früher zu verfügen, legt den Gedanken nahe, dass alles

Leben wohl ein allmählicher Verlust von Kraft ist. Jetzt noch mit allen Mitteln Körper, Seele und Geist zu Leistungen zu nötigen, die sie nicht mehr von selbst erbringen können, läuft darauf hinaus, die verbleibenden Kräfte durch Ausbeutung rascher zu erschöpfen. Natürlich geht es zwischendurch immer wieder aufwärts, auch über längere Zeiten, insgesamt aber doch eher so wie bei der Maus, die von der Katze gefangen wurde und nun über die Treppe ins Haus hochgetragen wird: »Es geht aufwärts«, sagt die Maus.

Diese Phase kann lange dauern, in Wohlstandsgesellschaften läuft auch das dritte Viertel des Lebens für weit mehr Menschen als jemals noch lange nicht auf das Ende hinaus. Ein *viertes Viertel* schließt sich an, das in früheren Zeiten der finale Teil des dritten war: Nach dem *agilen* ein *fragiles* Alter, ein verschärftes Älterwerden ab 75 oder 80 Jahren oder noch später. Eine Schere tut sich weit auf zwischen denen, die nun mit großen Einbußen zurechtkommen müssen, und jenen, die jetzt erst ihre größte Strahlkraft gewinnen. Irgendwann findet jedoch der Übergang vom exzellenten Können zur *Erosion allen Könnens* statt, bruchlos oder mit schmerzlichen Brüchen. Jetzt noch alles Mögliche in Angriff nehmen? Es ist vorbei. Die Gekonntheit schwindet, die Möglichkeiten reduzieren sich, bis im hohen und höheren Alter die eine allein noch übrig bleibt, die die bloße Wirklichkeit dieses Lebens ist, bevor auch sie verloren geht, mag das auch lange dauern. Was einst so poetisch »Lebensabend« genannt worden ist, kann aufgrund möglicher Beeinträchtigungen recht prosaisch ausfallen. Sie zu bewältigen, fordert jeden heraus, die moderne Kultur bereitet niemanden darauf vor.

Jetzt ist noch zu lernen, langsamer zu werden, die Kräfte ökonomischer einzuteilen, Nachsicht mit sich selbst zu üben, womöglich mehr als in früheren Zeiten allein zu sein, das Leben zu überdenken, das gelebt worden ist, und den Tod vor Augen zu haben, der keine ferne Möglichkeit mehr ist. Das Älterwerden kennt Mühen, von denen Jüngere nichts wissen können: Die immer komplexer werdende Bedienung technischer Geräte zu durchschauen. Einzelne Stufen zu überwinden, die zu anderen Zeiten einfach übersprungen worden sind. In die Badewanne hinein- und wieder aus ihr herauszusteigen.

Zentral ist erneut, wie bei den Anfängen des Lebens, die Bewegungsfähigkeit, die *Mobilität*. Aber anders als bei der triumphalen Erfahrung des Kindes, sich aufrichten und aufrecht gehen zu können, den Ort verlagern und buchstäblich schrittweise unabhängig werden zu können, wird der ältere Mensch eher gebeugt, eine Ortsveränderung kann er womöglich nicht mehr beliebig vollziehen. Die Schwerkraft, gegen die er einst stolz aufbegehrte, zieht ihn unnachsichtig nieder. Mit der reduzierten Beweglichkeit verlangsamt sich die Reaktionsschnelligkeit. Und wann ist der richtige Zeitpunkt, keinen Gebrauch mehr vom Führerschein zu machen? Jeder noch so kleine Abschied kann sehr schwerfallen, denn der große Abschied vom Leben wird darin spürbar.

Alt werden selbst die, die immer jung waren. Es wäre klug, beizeiten geeignete Räume dafür zu suchen und zu schaffen, sich die möglichen kommenden Zustände und die entsprechenden Bedürfnisse vorzustellen, um sich zu fragen: In welchem

Umfeld würde ich gerne alt werden? In meiner Wohnung, gegebenenfalls mit ambulanter Betreuung? In der Obhut der Familie, die bei Bedarf eine Pflegehilfe in Anspruch nimmt? In einer Wohngemeinschaft mit Anderen in ähnlicher Lebenssituation? In einem Mehrgenerationenhaus? In einer Seniorenresidenz oder einem Altenheim und wo genau? Was kostet das? Wie lassen sich die Voraussetzungen dafür rechtzeitig schaffen? Welche Räume sind für die möglichen Altersgebrechen schon gerüstet? Wem lässt sich, falls nötig, die Herausführung aus der lebenslang hochgehaltenen Autonomie anvertrauen, die beim Altwerden ohne jedes eigene Zutun schwinden kann?

Niemand kann sich aussuchen, wie das Altern verläuft, erst recht nicht im vierten Viertel. Niemand hat je die Entscheidung getroffen, zerbrechliche Knochen zu haben, depressiv oder dement zu werden. Niemand will gebeugt und geschrumpft werden, aber es geschieht. Der Körper wird nicht mehr umgebaut, sondern abgebaut. Aus guten Gründen sind in moderner Zeit exterritoriale Räume in Form von Heimen für die Alten und Älteren geschaffen worden, die mit der Schnelligkeit des Lebens nicht mithalten können: Um sie zu schützen vor Jüngeren, die sie überrennen, vor Maschinen, die sie überrollen. Und um sie in jeder Hinsicht aus dem Verkehr ziehen zu können und keine Rücksicht auf sie nehmen zu müssen. Auf dem Gehweg überhole ich selbst die Alten und Älteren, die mir, dem jüngeren Älteren, dem *Junior-Senior*, viel zu langsam sind. Es ist ungerecht und gar nicht gelassen, dass mir jegliches Verständnis dafür fehlt, wie man so langsam sein kann. Sie verweilen hier und da, um Atem zu schöpfen, und ich denke mir: Die sind wirklich alt, weit älter als ich, und es will mir partout nicht in den Kopf, dass ich selbst in absehbarer Zeit einer von ihnen sein werde.

Zugleich bemerke ich, wie ich selbst auf der Treppe meine Hand gewohnheitsmäßig auf der Höhe des Handlaufs halte, um mich festhalten zu können – nur für den Fall, dass ich ins Stolpern geraten sollte, wohl wissend, dass ich einen Fehltritt nicht mehr so behände wie früher austanzen könnte. In der Hosentasche krame ich nach dem Schlüssel, den ich gleich brauche, leider aber gar nicht eingesteckt habe. Auch die sinnlichen Fähigkeiten, die lange so selbstverständlich waren, lassen nach: Die Zeitung halte ich auf Abstand, um sie besser lesen zu können. Soll mich keiner mit Brille sehen, ich brauche noch eine Weile, bis ich mich selbst an sie gewöhnt habe. Bei einem Gespräch schiebe ich unauffällig das Ohr, das besser hört, näher an mein Gegenüber heran. Ein Hörgerät? Nie im Leben! Es stört mich nicht, nicht mehr alles zu hören, es ist eine Erleichterung, nicht mehr auf alles reagieren zu müssen. Ärgerlich ist nur die Ungehaltenheit von Anderen, die mir das nicht zugestehen wollen.

Diejenigen, die alte Menschen pflegen, wissen, dass der Prozess noch steigerungsfähig ist: War die Kindheit der Prozess des Übergangs von der *Fürsorge Anderer*, auf die wir existenziell angewiesen waren, zur *Sorge für uns selbst*, so ist das Alter nun der umgekehrte Übergang von der Selbstsorge zur Fürsorge Anderer. In vielerlei Hinsicht durchlaufen wir beim Altwerden die Entwicklung vom Anfang des Lebens noch einmal, allerdings in umgekehrter Richtung. Wir kommen aus den Windeln und schlüpfen wieder in sie zurück, müssen gefüttert, gebettet und herumgefahren werden, bei weitem nicht alle, aber auch nicht wenige. Das Gefühl für Raum und Zeit, das in den ersten Jahren gewonnen worden ist, geht in den letzten Jahren wieder verloren. Was leicht war, wird beschwerlich, wenn die letzten Kräfte, die noch zur Verfügung standen, versiegen. Es geht beim Älterwerden letztlich eben doch um die Steigerungsform von alt: Älter als alt zu werden. Lieb gewordene Gewohnheiten sind hilfreich beim gesamten Prozess: Wohl dem, der auf sie zurückgreifen kann! Sich ihnen überlassen zu können, ermöglicht Gelassenheit.

3.
Gewohnheiten, die das Leben
leichter machen

Am besten wäre es wohl, das älter werdende Leben spätestens im vierten Viertel nicht mehr zu verpflanzen, sondern in seinen Gewohnheiten an Ort und Stelle zu belassen. Auch zuvor fällt es schon schwerer, sich umzugewöhnen. Menschen gewöhnen sich an alles (sogar an Schmerzen, wenn sie nicht zu heftig sind), aber sie brauchen Zeit dafür – und Kraft, über die sie beim Älterwerden nicht mehr beliebig verfügen. Der Sinn von Gewohnheiten liegt ja gerade darin, ohne Kraftaufwand in ihnen verweilen zu können: Ihre Pflege ist daher ein dritter Schritt auf dem Weg zur Gelassenheit. Älter werdende Menschen hängen an ihren Gewohnheiten, da sie existenziell auf sie angewiesen sind, um nicht das Leben immer wieder neu strukturieren zu müssen. Misslicherweise können sie ihre Gewohnheiten auch dann nicht mehr so leicht aufgeben, wenn sie Andere damit ärgern oder sich selbst schaden. Oder ist dies das ganze Leben hindurch so?

Zu jeder Zeit sind Gewohnheiten von Bedeutung für die Lebensführung, ihrer Anerkennung steht nur im Weg, dass sie in der Moderne ein missachtetes Dasein fristen: Sind sie nicht langweilig? Langeweile ist der Todfeind des modernen Menschen, immer das Gleiche, keine Abwechslung, nichts Neues. Von der Gewohnheitsfeindlichkeit der Moderne werden nicht nur älter werdende Menschen empfindlich getroffen: Jede und jeder weiß jedoch aus Erfahrung, wie gut es tut, eine Rückzugsmöglichkeit im Leben zu haben und sich in vertrauten alten Klamotten den ständig neuen Anforderungen wenigstens zeitweilig entziehen zu können. Gewohnheiten sind erholsam, da sie von Wiederholbarkeit und Verlässlichkeit geprägt sind.

Lebenskunst ist auch die bewusste Einrichtung von Gewohnheiten, um sich führen zu *lassen* von all dem, was in ihnen schon entschieden ist. Auf ihren Schienen gleiten die Dinge zuverlässig und mit ruhiger Regelmäßigkeit dahin, sodass sie eine Notwendigkeit gewinnen, die sie nicht mehr so ohne Weiteres auch wieder anders sein lässt. Zu diesem Zweck werden sie willentlich in Gang gesetzt, sofern sie nicht längst unwillkürlich ihren Gang gehen: Meine Füße finden ihre gewohnten Wege auch von alleine, das Frühstück isst sich wie von selbst beim gewohnten Blick in die Zeitung, beim Einkaufen muss ich nicht lange überlegen und kann gleich nach alter Gewohnheit ins Regal greifen (wenn nicht wieder alles umgestellt wurde); am Samstagmorgen beschwingt mich die Walzermusik, die ich gewohnheitsmäßig höre; im Sonntagmorgencafé muss ich gar nicht erst bestellen und kann schon gleich mit dem Kellner die Weltlage erörtern; auch eine Abendmahlzeit bereitet sich quasi automatisch vor, wenn ich über die Abfolge der Handgriffe nicht nachdenken muss.

Wer daran zweifelt, welche Rolle Gewohnheiten im alltäglichen Leben spielen, kann problemlos die Probe aufs Exempel machen: Suchen Sie sich einen Tag aus, den Sie ganz ohne Gewohnheiten verbringen, einen Sonntag beispielsweise, da halten sich die Folgen in Grenzen. An diesem Tag ist vom Moment des Aufwachens an alles eine Frage der Entscheidung. Das Problem ist nur: Wie kommen Sie aus dem Bett? Dieser weitreichende Schritt sollte sorgfältig überlegt werden, warum, wofür, mit welchem Fuß zuerst und zu welcher Zeit? Stunden dauert das, und sollten Sie endlich in der Vertikalen sein, geht das so weiter: Was wollen Sie denn im Bad? Das ist doch nur ein Ritual! Was wollen Sie zubereiten, Tee oder Kaffee oder was sonst? Das Gewohnte ist ausgeschlossen, und sobald die Qual der Wahl wieder durchgestanden ist, können Sie sich nicht für eine Tasse entscheiden, denn Sie haben zwanzig verschiedene, und die eine, die Sie so lieben, dass der häufige Gebrauch deutliche Spuren hinterlassen hat, kommt nicht in Frage, alles Gewohnheit, alles fragwürdig.

Moderne Menschen gestehen es ungern ein, aber Gewohnheiten ermöglichen eine wohltuende Auszeit von den zahllosen Entscheidungen, die pausenlos zu treffen wären. Nur dann, wenn ein Teil des alltäglichen Lebens ohne weiteres Nachdenken wie von selbst abläuft, werden die Kräfte frei, sich mit dem anderen Teil, der aus dem Rahmen fällt, intensiver befassen zu können. All dem, was nicht vom Netz der Gewohnheiten aufgefangen wird, kann nun die nötige Aufmerksamkeit gewidmet werden, insbesondere den Entscheidungen, die nicht jeden Tag zu treffen sind. Alle Aspekte, die dabei berücksichtigt werden sollten, lassen sich aber wieder in den Gewohnheiten der Urteilsbildung verankern, denn im Regelfall herrscht Chaos im Kopf, nicht Klarheit, wenn eine Entscheidung ansteht. Um mit ausreichender Sensibilität entscheiden zu können, sollte ich besser einige Eigenheiten der Menschen, Dinge und Verhältnisse kennen, die in Frage stehen. Am besten aber lerne ich sie durch die anhaltende Beschäftigung mit ihnen kennen, sodass mir der Umgang mit ihnen zur Gewohnheit wird, ansonsten verliere ich mich in der Unübersichtlichkeit des Ungewohnten.

Und die Bedeutung von Gewohnheiten reicht noch weit darüber hinaus: Es ist dieses Gewebe vertrauter Zusammenhänge und Abläufe, das Menschen in einen *Sinn* einspinnen kann, ohne dass sie sich ständig darum kümmern müssten. In Gewohnheiten können Menschen ihr Leben einrichten, und aus dem Prozess der Gewöhnung geht jene Vertrautheit mit einer Umgebung hervor, die das Wesentliche einer *Wohnung* ausmacht. Nicht aufgrund von vier Wänden wird ein Raum zur Wohnung, sondern aufgrund von Gewohnheiten, die sich in ihm und um ihn herum entfalten. Eine neue Wohnung, auch eine Urlaubsunterkunft, verfügt über vier Wände und entbehrt dennoch zunächst jeder Heimeligkeit: Die entsteht durch Gewohnheiten, und sobald sie entstanden ist, fällt die Trennung von diesem Ort schwer. In welchem Maße Menschen vom Netz der Gewohnheiten getragen, gegebenenfalls auch aufgefangen werden, zeigt sich im Verlauf der individuellen und allgemeinen Geschichte, wenn inmitten kleiner und großer Katastrophen noch die Gewohnheiten aufrechterhalten werden, die dem Leben einen Rhythmus geben, aus dem es gerade in schwierigen Situationen Kraft beziehen kann.

Innerhalb und außerhalb von vier Wänden können Gewohnheiten die Fremdheit durchbrechen und für Vertrautheit sorgen. Das gilt für Gewohnheiten des Verhaltens ebenso wie für solche des Sehens, Hörens, Denkens, Fühlens und für gemeinsame

Gewohnheiten und Rituale in einer Beziehung. Sogar Probleme sind gewohnheitsabhängig: Nicht unbedingt wollen Menschen die Probleme lösen, an die sie sich gewöhnt haben und die zum festen Bestandteil ihres Lebens geworden sind, warum etwas daran ändern? Vor allem älter werdende Menschen versuchen, das vertraute Leben beizubehalten, auch wenn es problematisch sein sollte. Sie fürchten, sich zu verlieren, wenn ihnen das nicht gelingen sollte. Weniger als Jüngere vertrauen sie darauf, dass neue Gewohnheiten für neue Vertrautheit sorgen können.

Eine mögliche Konsequenz daraus könnte sein, die Gewohnheiten zu respektieren, die einem Menschen das Leben in Räumen und Verhaltensweisen, Gedanken und Sichtweisen, Gefühlen und Problemen erleichtern. Selbstverständlich wäre es wünschenswert, Gewohnheiten immer wieder durchbrechen zu können, statt sich in ihnen einzuschließen, aber das ändert nichts daran, dass es gewöhnlich zwei Drittel, drei Viertel des Lebens sind, die ihnen anvertraut werden müssen. Jüngere Menschen können den Anteil an Gewohnheiten kleiner halten, aber je älter ein Mensch wird, desto mehr wird das Ganze seines Lebens davon in Anspruch genommen, desto eher wird er auch entwurzelt vom Wechsel einer Umgebung, mit der er vertraut war, vom Verlust eines persönlichen Umgangs, an den er gewöhnt war, von der Auflösung einer Beziehung, die ihm zur Gewohnheit wurde. Ist eine Veränderung unumgänglich, kommt es darauf an, wenigstens exemplarisch einige Gewohnheiten zu bewahren, soweit dies möglich ist. Selbst der Genuss von Lüsten kann in Gewohnheiten verankert, gehegt und gepflegt werden, glücklicherweise auch beim Älterwerden.

4.

Genuss von Lüsten und Glück

Zum Ausgleich für mögliche Beschwernisse hält das Älterwerden eine Leichtigkeit des Seins bereit, die gut erträglich ist. Lüste bewusst zu genießen, Glück in diesem Sinne zu erfahren, ist ein vierter Schritt zur Gelassenheit. Willkommener als früher sind dabei die *bescheidenen Lüste*, die sich jetzt erst hervorwagen, da die orgiastischen Orkane vorübergezogen sind: Wertvoller werden sie durch das Bewusstsein, dass sie nicht mehr endlos viele Male zu genießen sind, auch wenn offenbleibt, wann es das letzte Mal sein wird, etwa das melodische Lied der Amsel im beginnenden Frühling zu hören, das frisch geschnittene Gras in lauer Sommerabendluft zu riechen, durch das welke Herbstlaub zu schlurfen, von der heimeligen Wärme drinnen beim Anblick dicker Schneeflocken draußen umhüllt zu werden.

Und am Espresso zu nippen, der Körper und Seele wärmt und den Geist beflügelt. Wie für den Wein, so gilt auch für dieses Kulturgut: Das Leben ist zu kurz, um schlechten Kaffee zu trinken. Der Duft der hellbraunen Crema, der Geschmack der tiefschwarzen Brühe, die anregende Wirkung des Koffeins sind Lüste, für die allein es sich schon lohnt, traurig darüber zu sein, dass sich das Leben neigt – und darauf zu hoffen, dass sich das noch lange hinzieht. Es ist kein Grund zur Betrübnis, wenn mit fortschreitendem Alter mehr Zurückhaltung bei der Dosierung gewahrt werden muss: Umso köstlicher schmeckt jedes Molekül, während die größeren Mengen früher ohne großen Widerhall die Kehle hinunterstürzten. Gelassenheit heißt, sich durchströmen zu lassen von einem solchen Genuss. In der bewussteren Fähigkeit zum Genuss liegt ein Grund dafür, das Alter »anzunehmen und zu lieben«, denn, so Seneca im 12. seiner *Briefe an Lucilius*, »es ist voller Freude, wenn man es zu nützen versteht«.

An mir selbst bemerke ich, dass außer der Kaffeelust die *Lust des Reisens* zunächst weiter zunimmt, Ausdruck eines neuen Lebenshungers? Umso mehr Ziele kommen mir in den Sinn, je weniger Zeit mir dafür bleibt. *1000 Places to See Before You Die* verkündet ein populärer Buchtitel, aber eine schnelle Kalkulation führt mir vor Augen, dass ein Besuch aller »1000 Orte, die du gesehen haben musst, bevor du stirbst«, nicht mehr machbar ist. Es sei denn mit viel Geld und Stress, ständigem Unterwegssein und dem Risiko, die finanziellen Ressourcen und mich selbst vorzeitig zu erschöpfen, wie es Anderen zu widerfahren scheint: »Wir wissen bald nicht mehr, wo wir noch hinfahren sollen, wir haben schon alles gesehen«, meint ein 80-Jähriger, Schwerpunkt Kreuzfahrten, dem ich auf einer Bahnfahrt begegne, ohne anwesendes »Wir«, mit leicht abwesendem Blick. Kann es sein, dass ihm nichts mehr geblieben ist, erst recht keine Perspektive über das eigene Leben hinaus? Er will jedenfalls tapfer weitermachen: »Wofür sollen wir sparen? Für die Erben? Die sollen ihr Geld selber verdienen!«

Große Bedeutung gewinnt die *Lust der Erinnerung*, die eine kleinere Rolle spielte, solange der Blick nach vorne gerichtet war. In der Zeit jedoch, in der die Aufmerksamkeit vermehrt Vergangenem gilt, lässt sich genießen, was im Leben erlebt und er-

49

reicht worden ist. Das Schwelgen in Erinnerungen ist umso lustvoller, als die bange Ungewissheit, wie die Geschichte ausgehen wird, nicht mehr ausgehalten werden muss: Der Ausgang ist bekannt. Selbst die melancholische Erinnerung kann nicht nur schmerzlich und bitter, sondern auch lustvoll und süß sein, wie im Song *Going Back* von Carole King (1966), der von alternden Popstars (etwa Phil Collins 2010) gerne nachgesungen wird. Es ist schön, sich der Nostalgie hinzugeben bei den Klängen der Musik, die die Gefühle von damals wieder wachrufen, als das eigene Leben noch jung war: Zahllose Radiosender setzen auf diese *Oldies*, die die Hörer freilich auch mit der Wehmut darüber zurücklassen, dass ihre Welt vergangen ist, die doch die bestmögliche war, während die Gegenwart sich immer weiter vom wahren Leben entfernt ...

Jetzt trägt es Früchte, frühzeitig an den Erinnerungen der Zukunft gearbeitet zu haben. Denn was Zukunft war, ist jetzt Gegenwart, und was Gegenwart war, ist jetzt Vergangenheit. Mit Stolz denke ich an Unternehmungen zurück, die sehr gewagt waren und gutgingen. Sie überstrahlen andere, die kläglich im Sande verliefen: Das alles war ich, bin ich. Aber ist das auch alles wahr? Jede Erinnerung kramt die im Inneren abgelagerte Vergangenheit wieder hervor. Dabei ist die Erinnerung an die vielen Geschichten, aus denen die Lebensgeschichte besteht, gelegentlich auch eine *Erfindung*, die darauf abzielt, die verworrenen Fäden des Lebens zu einem roten Faden zusammenzuziehen, der »Sinn macht«. Hört ein Anderer zu, regt das zur Erzählung an und ermuntert zu Umdeutungen und Ausschmückungen. Im milden Abendlicht gewinnt vieles einen wärmeren Farbton, und der zeitliche Abstand erzeugt die Vorstellung einer räumlichen Ferne, die es möglich macht, das einstige Geschehen wie ein Gemälde am Horizont der Existenz zu sehen, auf dem die wirklichen Zusammenhänge plastisch hervortreten und in die erfundenen übergehen, die phantasievoll ausgemalt werden.

Eine Lust, die im Alter eher noch intensiver wird, ist die *Lust des Gesprächs*, vielleicht auch die Lust, manches aufzuschreiben für sich und Andere. Mehr Zeit steht dafür zur Verfügung, und endlos viele Erfahrungen und Reflexionen drängen danach, Anderen mitgeteilt und mit ihnen geteilt zu werden. In Anlehnung an den abendlichen Himmel am Rande der Nacht ist dies die *blaue Stunde des Lebens*, die Menschen dazu anregt, sich in eine gemütliche Ecke zu setzen, miteinander zu plaudern und von Geschehnissen und Überlegungen zu erzählen. Es käme nur darauf an, sich wechselseitig zu Wort kommen zu lassen, einander nicht allzu einfallslos mit Wiederholungen zu traktieren und sich lieber zu fragen, ob jetzt nicht der rechte Zeitpunkt dafür wäre, diejenigen Geschichten auszupacken, die Anderen noch nicht geläufig sind, vorausgesetzt, sie interessieren sich dafür. Verdrängtes, das auf der Seele lastet, könnte zum Vorschein kommen. Aber das Gespräch scheitert, wenn keiner zuhören will, und das scheint ein Problem des Älterwerdens zu sein: Dass auf die vielen, die etwas erzählen wollen, nur wenige warten, die ihnen ihr Ohr leihen wollen. *Erzähl-Salons*, auch selbst organisiert, in denen das Reden und Zuhören reihum geht, könnten eine Antwort darauf sein.

Und Sex im Alter? Hält jung. Er hat seine Schrecknisse verloren, seit er in Filmen freizügig dargestellt wird (*Wolke 9*, Regie Andreas Dresen, Deutschland 2008). Wollte sich zuvor kaum jemand dazu bekennen, wird seither fast ein Bekenntnis daraus. Aber die *Lust auf Sex* verändert sich: Der Aufwand, der einst getrieben wurde, um den tobenden Hormonen nachzukommen, leuchtet nicht mehr so recht ein, übereinander herzufallen kommt nicht mehr so oft vor, die geringere Frequenz ist jedoch einer gesteigerten Intensität förderlich. Die Erschöpfung *danach* kann andere Gründe haben als einst: Herz und Kreislauf könnten ernsthaft gefährdet sein. Immerhin ist ein *One-Night-Stand-Burnout*, der Jüngeren droht, nicht mehr zu befürchten: So viele Partner dafür gibt es gar nicht mehr. Ungewollte Fortpflanzung ist unwahrscheinlich, also könnte Sex endlich nur noch ein Medium der Kommunikation, Inspiration und Exaltation sein; bei Einbußen leisten das aber mehr als früher auch Gespräche. Die nachlassende Potenz lässt sich elegant überspielen: »Es interessiert mich nicht mehr!« Natürlich, Pillen helfen der Lust wieder auf, aber will ich das wirklich, wenn sie sich nicht mehr von selbst einstellt? Will das mein Gegenüber? Das wäre noch zu bereden. Die Gelassenheit kann darin bestehen, leichten Herzens von dem abzulassen, was das ganze Leben hindurch so wichtig erschien. Eine schwindende Bedeutung von Sex kann sogar dem Entstehen entspannter Freundschaften zwischen den Geschlechtern zugutekommen.

Größer wird bei vielen die *Gartenlust.* Mit beiden Händen ins Erdreich zu fassen, verändert Menschen. Im Garten dreht sich die Zeit im Kreis, das kommt der Zeitwahrnehmung vieler, die älter werden, sehr entgegen: Die Erde repräsentiert die zyklische Zeit, der sie sich näher fühlen als der linearen Zeit der Moderne. Im Garten wird spürbar, dass auch das menschliche Leben eingegliedert ist in die Natur, die zwar für Einzelwesen, nicht aber für das Ganze eine wirkliche Endlichkeit kennt. Warum lieben Menschen Gärten? Weil diese, wie Religionen, Balsam für die Wunde der Endlichkeit sind, die Menschen zu allen Zeiten schmerzte. Vor allem modernen Menschen macht die Endlichkeit zu schaffen, da sie mit dem Ende in ein Schwarzes

Loch zu fallen glauben – und daran glauben, dass dies kein Glaube sei. Der Garten legt den Gedanken nahe, dass eine *Rezyklierung*, eine Rückführung in Kreisläufe, wie sie in der Natur zu beobachten ist, auch für den Einzelnen selbst gilt: Das kleine Stückchen Erde steht für den Zyklus von Werden und Vergehen, der doch wohl auch das Schicksal des Menschen über seine Endlichkeit hinaus ist. Aber wie ist das vorstellbar?

Jetzt ist die richtige Zeit für das Nachdenken über das Leben, das womöglich das ganze Leben hindurch zurückstehen musste. Die *Lust der Muße* lässt sich pflegen, die Zeit eines zweckfreien Tätigseins und bloßen Daseins. Wie ein Kind kann ich mich den Dingen widmen, die mich interessieren und faszinieren; die Freiheit der Gedanken fördert die interessantesten Zusammenhänge zutage. *Carpe diem*, genieße den Tag – jetzt ist die Zeit dafür da, auf diese Weise zu leben, aber auch damit einverstanden zu sein, dass das nicht etwa heißen kann: Genieße *jeden* Tag. Denn es gibt ungenießbare Tage, die dennoch für etwas gut sind: Sie machen die genießbaren wertvoller. Die Gelassenheit erfordert nicht, dass alles und jedes immer und überall Lust bereiten muss. Es ist vielmehr das Privileg des gelassenen Älterwerdens, nicht mehr jeder Lust hinterherrennen zu müssen – und »es tritt gerade das an die Stelle der Lüste, sich nach keinen zu sehnen«, wie Seneca meinte.

Die weiterhin mögliche *Aktivität* lässt sich um die in der Moderne nicht geliebte *Passivität* ergänzen. Für die Lebenskunst beim Älterwerden stehen diese Optionen offen, um das Leben gelassen zu führen: Einerseits *aktiv* zu bleiben im umtriebigen Sinne, sich fit zu halten und weiterzubilden, sich zu engagieren und Geselligkeit zu pflegen. Andererseits sich *passiv* zu verhalten, sich zurückzuziehen, aktiv allenfalls im zurückhaltenden Sinne, um ganz für sich, die Familie und die Freunde da zu sein. Es ist gut gemeint, älter werdende Menschen mit einer »Aktivierungstherapie« vor drohender Erstarrung bewahren zu wollen, aber es zeugt vielleicht auch von der Hilflosigkeit der Moderne, die andere Kategorien nicht kennt. Wann denn sonst, wenn nicht im Alter, kann das Menschenrecht, passiv zu bleiben, noch in Anspruch genommen werden? Ohnehin drängt das Leben zur gelassenen Hinnahme von vielem, das nicht zu ändern ist, insbesondere bei der Erfahrung von Schmerzen und Unglück.

5.

Umgang mit Schmerzen und Unglück

Was wir brauchen, wenn wir älter werden? Natürlich Gesundheit. Lange im Leben war sie eine Selbstverständlichkeit, jetzt wird sie zu einer Art von Arbeit. Wir können viel für sie tun, uns bewusst um uns sorgen, uns gut ernähren, viel bewegen und mit Dingen pflegen, die uns guttun. Aber bis zum letzten Tag vollkommen gesund zu bleiben, ist nur wenigen vergönnt. Die Wahrscheinlichkeit für Schmerzen und Krankheiten wird mit zunehmendem Alter nicht kleiner. Menschen können zwar versuchen, mit Lüsten eine Art von Mauer um sich herum zu errichten, um sich mit positiven Erfahrungen gegen negative abzuschotten, aber ein fünfter Schritt zur Gelassenheit ist die Stärkung der Hinnahmefähigkeit, um mit kleineren Malaisen und größeren Problemen zurechtzukommen. Wie erreiche ich das?

Mich plagen Rückenschmerzen und Schmerzen in den Schultern. Warum? Wie werde ich das wieder los? Was kommt da noch? Morgens schleppe ich mich ins Bad wie einstmals nach einer wilden Nacht. Ich fühle mich zerschlagen und das ganze Knochengerüst tut mir weh, geht das jetzt so weiter? Altersflecken auf der Haut tun körperlich nicht weh, schmerzen aber das ästhetische Empfinden. Es schmerzt mich auch, dass ich keine Nacht mehr durcharbeiten kann wie in früheren Jahren und Jahrzehnten. Das Zahnfleisch hat sich nun doch stärker zurückgebildet, sagt der Zahnarzt mit aufrichtigem Bedauern, keine gute Nachricht für meine Zähne, somit für mich. Der Hausarzt diagnostiziert Arthrose und meint beschwichtigend, »es sind aber nur Anfänge«. Prostata war lange im Leben ein unbestimmtes Fremdwort für mich, inzwischen habe ich mehr darüber gelernt. Manchmal bemerke ich beim Aufstehen leichte Schwindelgefühle, wofür ist das ein Anzeichen? Stolpert nicht auch manchmal das Herz?

Gut, das ist jetzt etwas übertrieben, aber ich bin lieber ein Hypochonder als ein Ignorant: So bleibe ich wach. Und besser wird es wohl nicht. Darauf will ich gefasst sein. Mehr als den *Nocebo-Effekt*, wonach ich Schaden davontragen werde (*nocebo* im Lateinischen), wenn ich negative Dinge befürchte, fürchte ich den *Noreply-Effekt*, nicht auf sie antworten zu können, wenn sie dennoch geschehen, ich sie aber nicht akzeptieren kann.

Sollte der Umgang mit Schmerzen zur Notwendigkeit werden, stehen Möglichkeiten zur *Intervention* zur Verfügung, und es ist überaus beruhigend, dass es sie gibt: Pharmazeutische, therapeutische, meditative, operative Möglichkeiten, möglichst fein abgestimmt auf die individuelle Situation. Ergänzend kommt jedoch die Fähigkeit zur *Integration* von Schmerzen in Betracht, die im chronischen Fall ohnehin unverzichtbar ist, um nicht alle Kräfte in einem Kampf aufzureiben, der nach realistischer Einschätzung nicht zu gewinnen ist.

Ja, Schmerzen beeinträchtigen das Leben enorm, sie verletzen das moderne Ich an seiner verwundbarsten Stelle, seinem Anspruch auf Autonomie. Selbstbestimmte Gelassenheit kann jedoch heißen, Schmerzen zu akzeptieren, soweit das möglich ist. Bis zu welchem Punkt, lege ich selbst fest, im Zweifelsfall nach Rücksprache mit dem Arzt. Und zu welchem Zweck? Um das Leben in seiner ganzen abgründigen Tiefe zu erfahren, soweit ich es ertragen kann. Um nicht immer nur zu hadern, wenn Schmerzen, Krankheit oder ein anderes Unglück mich ungefragt überkommen, stattdessen mich auch in diesem Fall mit allem zu befreunden, was in mir und an mir ist, es mir vielleicht sogar zu eigen zu machen: Der Vorteil dieses Eigentums ist immerhin, dass niemand es mir neidet, es also ganz und gar nur mir gehört.

Vieles im Leben ist vom Glück abhängig – und vom Unglück, ohne dass sich zuverlässig sagen ließe, was die jeweiligen Ursachen dafür sind. Es hat nicht viel Sinn, sich selbst, Anderen, dem Leben und aller Welt Vorwürfe zu machen, wenn passiert, was nicht passieren darf. Es kann nun mal ein Unglück geschehen, eine Krankheit ins Leben hereinbrechen, eine Gewissheit erschüttert werden. Warum trifft es mich? Das lässt sich nicht wirklich klären. Warum trifft es mich jetzt? Das kann bloßer Zufall sein. Wann werde ich das wieder los? Womöglich nicht mehr. Und was dann? Dann bleibt nur der halbwegs gute Umgang damit, etwa mir zu sagen:

Das ist jetzt die Aufgabe, die mir das Leben stellt, zufällig oder absichtsvoll, wer weiß. Ich nehme die Aufgabe an, um etwas daraus zu machen, denn für irgendetwas wird es gut sein. Ist es nicht so, dass alles, was geschieht, letztlich für etwas gut ist? Nicht unbedingt für ein vorbestimmtes Gut, nicht immer für den Betroffenen selbst, oft erst im Rückblick. Im Laufe der Zeit, auch weit über die Zeit des einzelnen Menschen hinaus, wird möglicherweise ein Sinn, ein Zusammenhang des Geschehens erkennbar, den es von vornherein schon hatte oder im Nachhinein doch noch gewonnen hat.

Und grundsätzlich steht es nicht in meiner Macht, die Polarität des Lebens, die Spannung zwischen positiven und negativen Seiten, auszuschalten. Ohne sie gibt es kein Leben, wie andere Zeiten wussten und auf alten Sonnenuhren zu lesen ist: »Was wäre das Licht ohne Schatten?« In moderner Zeit aber zieht der Glaube an ein glückliches Diesseits die Erwartung nach sich, alles Negative aus dem Leben ausschließen zu können, in auffälliger Ähnlichkeit zum religiösen Glauben an ein glückliches Jenseits, in dem paradiesische Zustände des rein Positiven herrschen. Angesichts jenseitiger Aussichten hatten in der christlichen Kultur über Jahrhunderte hinweg diesseitige Zweifel, Negativdenken und Melancholie keine Berechtigung mehr, sie wurden zur Todsünde erklärt.

Die moderne Todsünde aber ist die Depression. Was immer schon ein Teil des Menschseins war, geradezu eine *anthropologische Konstante*, nämlich depressiv, bedrückt, unglücklich sein zu können, wird zu einer schweren Verfehlung, postmoralisch »Krankheit« genannt. Dabei sind viele derer, die sich für depressiv halten und oft genug auch so diagnostiziert werden, lediglich melancholisch. Sie leiden, wie dies in der Alltagssprache heißt, an *Depressionen* (Plural), die nichts Anderes sind als die gute alte Melancholie, eine Seinsweise der Seele, die nicht als krankhaft gelten kann. Entgegen dem ursprünglichen Wortsinn der Schwarzgalligkeit (*melancholia* im Griechischen) muss sie auch nicht zwingend etwas Bitteres an sich haben.

Alte und ältere Menschen scheinen damit häufiger zu tun zu haben als junge und jüngere. Das gilt ebenso für die tatsächliche Krankheit der *Depressi-*

on (Singular), die im Unterschied zu den bewegten Gefühlen und Gedanken der Melancholie von erstarrten Gefühlen und einer Unfähigkeit zur Reflexion gekennzeichnet ist. Der Betroffene kann sich selbst nicht mehr helfen und findet aus dem engen Zirkel seiner Gedanken nicht mehr heraus, sodass er auf Angehörige und Freunde, die ihn jetzt nicht verlassen, auf Therapeuten und Ärzte, die sich um ihn bemühen, angewiesen ist.

Damit es diagnostisch nicht zu einfach wird, gibt es einen Graubereich zwischen Melancholie und Depression, der schwierig zu beurteilen ist. Dass aber von der Diagnose Depression auch für die *Melancholie* inflationärer Gebrauch gemacht wird, treibt die Zahl der Kranken in absurde Höhen – gut für die pharmazeutische Industrie und immerhin auch für die öffentliche Wahrnehmung der Krankheit, nicht aber für den Umgang mit dem Einzelnen, der bei einer Melancholie Gesprächspartner mehr als Medikamente, bei einer Depression ärztliche und therapeutische Behandlung braucht.

Eine Melancholie kommt ungebeten und kann viele Gründe haben: Der Verlust von Gewissheit verursacht eine Traurigkeit, die nicht mehr so ohne Weiteres zu trösten ist. Menschen »fallen in Depressionen«, wenn sie verlieren, was für sie von Bedeutung ist, aber auch, wenn sie nicht gewinnen, was sie sich erhoffen. Und ausgerechnet dann, wenn ein sehnlicher Wunsch in Erfüllung geht, kann eine unerwartete Leere sich auftun: Lange gab die Orientierung auf ein Ziel hin dem Leben Sinn, aber wehe, wenn das Ziel erreicht ist und somit ersatzlos entfällt! Das könnte beispielsweise ein Problem der Fixierung auf das Ziel der Pensionierung sein – eine Gefahr, die viele unterschätzen.

Es gibt außerdem regelrechte Zeiten der Melancholie, im Herbst bei fallenden Blättern, im Winter bei ausbleibender Sonne, in der *Quarterlifecrisis*, *Midlifecrisis* und in sonstigen Lebenskrisen bei der Erinnerung an schönere Zeiten. Ob die Melancholie flüchtig zu Gast ist oder lange bleibt, ist im jeweiligen Moment nicht klar. Oft geht sie gerade dann von selbst vorbei, wenn es möglich ist, sie gelassen gewähren zu lassen. Davon, dass sie »überwunden werden muss«, kann keine Rede sein, eine solche Norm existiert nicht. Angemessener ist die Auffassung, dass auch diese Seite des Menschseins dazu geeignet ist, die Erfahrung der Fülle des Lebens zu komplettieren.

Melancholisch macht im Alter vor allem die *existenzielle Einsamkeit*, die noch verstärkt wird von einer Kultur, in der das Ich auftrumpft wie nie zuvor. Denn umso mehr wird es auf sich zurückgeworfen: *Ich* lebe dieses Leben, kein Anderer. *Ich* muss den Blick in die Abgründe aushalten, die ein Unglücklichsein, erst recht ein Unglück aufreißt. Nur *ich* bringe dieses Leben letztlich auch zu Ende, kein Anderer kann mir dies abnehmen. Und *ich* mache mir Gedanken über das Darüberhinaus, die anders sind als die Gedanken Anderer. Ganz unfassbar und untröstlich ist der *Weltschmerz*, der vom Leben und von der Welt überhaupt, wie sie mir erscheinen, verursacht wird. Überaus schmerzlich ist das Bewusstsein, dass die Zeit des Lebens begrenzt ist, dass ich dieses Leben und die Liebsten irgendwann verlassen muss, dass dies unaufhaltsam auf mich zukommt und nicht mehr unabsehbar fern ist.

Wo stehen wir jetzt? *Where Are We Now?*, fragte David Bowie in dem so betitelten Popsong von

2013 mit einer Melancholie, die viele Radiosender dazu veranlasste, das Lied trotz anfänglichem Erfolg alsbald stillschweigend abzusetzen: So viel Wehmut glaubten sie ihrem Publikum nicht zumuten zu dürfen. Bowie erinnert sich in wenigen Liedzeilen an alte Zeiten in Berlin, wo er von 1976 bis 1978 lebte. Und nun, so realisiert er 66-jährig, gehe er mit den Toten umher und führe sie spazieren, »just walking the dead«. Nichts hat Bestand, alles ist vergänglich und was vergangen ist, lässt sich nicht zurückholen, »you kow, you know«. Dass überhaupt alles vergeht, wenngleich immer Neues entsteht, lässt sich nicht ändern: Das geht Menschen beim Älterwerden mehr als je zuvor durch den Kopf. Um dem Kopf jedoch nicht zu viel zuzumuten, wäre zwischendurch Gebrauch von den verschiedenen Arten der Berührung zu machen, die es erleichtern, Gelassenheit zu bewahren, zumal in schwieriger Zeit.

6.

Berührung, um Nähe zu spüren

Auf Berührung sind Menschen das ganze Leben hindurch angewiesen. Von Geburt an trägt sie zum Aufbau des Immunsystems und zum Entstehen von Bindung und Geborgenheit bei. Über die Jahre hinweg fühlen Kinder und Heranwachsende sich getröstet, wenn sie in den Arm genommen werden. Auch Erwachsene kennen die wohltuende Wirkung einer streichelnden oder ruhenden Hand. Ein rasender Puls kann besänftigt, ein steigender Blutdruck gesenkt werden von der angenehmen Nähe des Anderen: Berührung zu suchen, ist ein sechster Schritt zur Gelassenheit.

Das Medium der Annäherung zwischen Menschen ist oft Berührung: Eine beiläufige Berührung am Arm weckt unmittelbar Vertrauen, und je weiter die Berührung gehen darf, desto enger kann die Beziehung werden. Im Gegenzug wird die Abwendung voneinander durch eine Verweigerung von Berührung eingeleitet, und so wird dies zur Erfahrung, die tief in der Existenz jedes Einzelnen verankert ist: Wenn ich berührt werde, lebe ich und spüre, dass ich lebe. Wenn ich nicht mehr berührt werde, entgeht mir das Leben und ich spüre das Leben nicht mehr. Die Berührung ist eine Aufmerksamkeit, ohne die ein Mensch seelisch und schließlich körperlich auszudörren und zu verwelken droht. Je weniger Berührung ein Mensch erfährt, desto fremder wird er sich selbst und Anderen und letztlich der Welt. Er fühlt sich ausgeschlossen, ohne den Grund dafür zu kennen. Wer von nichts und niemandem mehr berührt wird, stirbt in Einsamkeit lange vor dem Tod.

Was uns hilft, wenn wir älter werden, ist Berührung. Aber ausgerechnet in der Zeit, in der das Bedürfnis danach zunimmt, lässt die Bereitschaft Anderer dazu nach. Die Haut fordert nicht mehr von selbst, wie bei einem Baby, die Berührung heraus. Im fortgeschrittenen Alter scheinen viele den Eindruck zu erwecken, sie würden Berührung abweisen, also wird sie ihnen gar nicht erst angetragen. In Wahrheit macht die Kultur, die nur den wohlduftenden, makellosen Teint gelten lassen will,

»Unberührbare« aus Alten und Älteren, als wäre ihre Berührung gleichbedeutend damit, vom Alter, folglich vom Tod infiziert zu werden. Dabei ist die Basiskommunikation über den Tastsinn selbst dann, wenn andere Sinne wie Sehen und Hören schwächer werden, weiterhin so gut möglich wie am Lebensanfang. Und am Ende des Lebens haben Sterbende oft kein größeres Bedürfnis als das nach der Hand, die ihre Hand hält und ihnen den Schweiß von der Stirn wischt.

Um der Bedeutung der Berührung beim Älterwerden Rechnung zu tragen, käme es darauf an, zumindest die *Grundversorgung* sicherzustellen – eine Aufgabe der Selbstsorge, solange die noch möglich ist, sodann aber der Fürsorge Anderer. Das betrifft zunächst die *körperliche* Berührung, etwa die Hand, die einen Moment länger als üblich in der Hand eines Anderen liegt, die gelegentliche Umarmung, die nicht missverständlich ist, die regelmäßige Massage und Körpertherapie, der Umgang mit Haustieren, auch die Berührung des Wassers beim Baden und Schwimmen, das Betasten von Materialien, Stoffen und Gegenständen.

Gelassen macht aber nicht nur die tastende Berührung, sondern jede Art von Sinnlichkeit, die als angenehm empfunden wird: Ein schönes Gesicht, ein Bild oder eine Landschaft zu sehen, Musik zu hören oder selbst zu machen, für sich allein oder im Chor zu singen, einen Geruch wahrzunehmen, eine Speise zu schmecken, auch sich zu bewegen, sei es bei einem Spaziergang oder beim Sport, und Dinge mit dem Bauchgefühl zu erfassen, mit dem vieles intensiv erfahrbar ist. Sehr viel *Sinn* resultiert aus Sinnlichkeit, und jede körperliche, sinnliche Erfahrung wirkt sich auch seelisch und geistig aus.

Es fällt nicht immer leicht, die Initiative zu ergreifen und Berührung herbeizuführen, denn das erfordert ein Herausgehen aus sich selbst, und es ist offen, wie der Andere darauf reagieren wird. Das Gegenstück zur aktiven *Berührung* ist das passive *Berührtwerden*, das von der Bereitschaft abhängt, Berührung geschehen zu lassen. Von besonderem Zauber ist es, wenn beides ineinander übergeht, etwa bei einer Umarmung, bei der Haut an Haut geschmiegt wird und zwei für einen Moment miteinander verschmelzen. Die Berührung des Anderen wird dabei zugleich zum Berührtwerden des Selbst, denn indem ich ihn berühre, werde ich von ihm wiederum berührt.

Ein zwangloses und beiläufiges Berühren und Berührtwerden ermöglicht der Tanz. Gelegenheiten zum Tanz zu arrangieren, ist auch aus diesen Gründen ein Anliegen der Arbeit mit alten und älteren Menschen. Zweifellos gibt es aber nicht nur ein Zuwenig, sondern auch ein Zuviel an Berührung, das zur *Berührungsfolter* werden kann, nämlich dann, wenn Zuwendung in Zudringlichkeit umschlägt. Das richtige Maß zu finden, ist ein immerwährender Balanceakt, der viel Gespür erfordert.

Von ebensolcher Bedeutung wie die körperliche ist die *seelische* Berührung, bei der es um Gefühle geht, die mit einer einzigen Freundlichkeit und Liebenswürdigkeit bereits entstehen können. Überall dort, wo keine Gleichgültigkeit vorherrscht, ist seelische Berührung möglich. Gelassenheit als relatives Freisein von Unruhe hat weder mit Gleichgültigkeit noch mit Gefühllosigkeit zu tun. Gefühle sind die Gewürze des Lebens, ohne die alles fade wäre. Sie sind die Sprache der Seele, die nicht nur in Worten, sondern auch in Blicken, in Mimik, Gestik und Verhalten Ausdruck findet. Das ganze Leben hindurch prägen diese verbalen und nonverbalen Ausdrucksformen die Atmosphäre zwischen Menschen und sorgen dafür, dass sie sich nahe sein können oder nicht nahe sein wollen.

Nicht immer sind es gute Gefühle, die dabei zum Vorschein kommen, denn auch Gefühle unterliegen dem Gesetz der Polarität. Für alte Menschen können ungute Gefühle jedoch zu einer ebenso großen Katastrophe werden wie für sehr junge, wenn sie vor diesem inneren Aufruhr weder weglaufen noch ihn verstehen können. Und die Fähigkeit zu fühlen endet wohl auch bei Demenz und anderen Beeinträchtigungen des Lebens frühestens mit dem letzten Atemzug: Die Menschen in der Umgebung sollten sich dessen bewusst sein.

Zur Gelassenheit trägt außerdem die *geistige* Berührung in Gedanken bei: Bei jedem *Gespräch* wird ein Mensch berührt von den Gedanken Anderer und kann sie seinerseits mit Gedanken berühren. Und nicht nur im Gespräch, sondern auch im *Schweigen* geschieht geistige Berührung: Stillschweigend können Gedanken ausgetauscht werden. Gerade in der Stille werden Menschen von Gedanken berührt, auch von Traumbildern, Ahnungen und phantastischen Vorstellungen, denn nicht nur Wirkliches berührt, sondern auch Unwirkliches.

Ein geistiges Berühren und Berührtwerden in stiller Form ist die *Lektüre*. Lange in der Geschichte war sie mit der sinnlichen Berührung beim Zurhandnehmen eines Buches und beim Umblättern der Seiten verbunden, aber auch der Umgang mit neuen Medien macht sinnliche Erfahrungen möglich, etwa beim Tippen, Tupfen, Ziehen, Wischen, und die beliebige Vergrößerbarkeit der Schrift bei einem E-Book löst ein altbekanntes Problem in Wohlgefallen auf.

Was aber ist, wenn das Leben des Geistes mit der Zeit schwächer wird und ganz verlöscht? Es lässt sich nur annehmen, dass das Geistige auf andere Weise weiterlebt. Manche erfahren im Geistigen gerade beim Alt- und Älterwerden ein Fluidum von unabsehbarer Reichweite, das unabhängig von Raum, Zeit und Wirklichkeit ganz für sich selbst existiert: Wie sonst könnten sogar die Gedanken derer, die längst tot sind, höchst lebendig bleiben? Ist Seneca tot? Die Möglichkeiten der geistigen Weite scheinen nicht der Endlichkeit zu unterliegen, Grund genug für eine große Gelassenheit. Beziehungen der Liebe und Freundschaft offerieren im Leben selbst die schönsten Möglichkeiten dafür: Sie ermöglichen ein Berühren und Berührtwerden auf geistiger, seelischer und körperlicher Ebene gleichermaßen. Sich um berührende, bejahende Beziehungen zu kümmern, ist ein siebter Schritt zur Gelassenheit.

7.
Liebe und Freundschaft,
um in ein Netz eingebunden zu sein

Was ist hilfreich beim Älterwerden? »Gutmütige Kinder«, antwortet mein 17-jähriger Sohn wie aus der Pistole geschossen. Er muss es wissen, er hat momentan missmutige Eltern vor sich, denn er hat die Schule abgebrochen. Ein unglücklicher Moment, der die Liebe zwischen Eltern und Kind dennoch nicht bedroht: Sie hat ihre tieferen Gründe nicht im launischen Glück, sondern im dauerhaften *Sinn*, eine Wohltat für beide Seiten und eine Ermutigung für das Kind, kein Kind mehr zu sein, sondern sein Leben jetzt selbst in die Hand zu nehmen.

Kinder sind ein Grund für Gelassenheit beim Älterwerden, denn sie tragen das Leben weiter. Und sie stehen den Eltern in praktischen Dingen bei: Mit ihnen gelingt es, auf Tuchfühlung zur Zeit zu bleiben, die schneller davonrennt, als die langsamer werdenden Eltern hinterherkommen. Zu allen Zeiten der Menschheitsgeschichte machten Eltern ihre Kinder mit dem Leben vertraut, aber mit den fortwährend neuen und neuesten Techniken, die das moderne Leben bestimmen, hat sich das Verhältnis zumindest teilweise ins Gegenteil verkehrt: Kinder machen ihre Eltern mit dem Leben vertraut, denn beim Gebrauch von Techniken sind sie stets einen Schritt voraus, sie wachsen schließlich mit ihnen auf. Die jeweils aktuellen technischen und mentalen Veränderungen an der Seite der Kinder mitzuvollziehen, erspart den Eltern das Schicksal, die Welt nicht mehr zu verstehen, die sich immer weiter von ihnen entfernt, sodass es immer einsamer um sie wird. Die Liebe zwischen Eltern und Kindern erlebt jedoch ihre Bewährungsprobe, wenn die Eltern merklich altern: Hoffentlich haben sie vorgesorgt, um den Kindern keine zu großen Lasten aufzubürden.

Neben der Liebe zwischen Eltern und Kindern ist es die zwischen Großeltern und Enkeln, die allen Beteiligten viel Sinn und Gelassenheit vermitteln kann. Selbst wenn Begegnungen seltener als in vergangenen Zeiten zustande kommen sollten, ermöglichen moderne Medien, auch über große Entfernungen hinweg miteinander in Verbindung zu bleiben. Viele Großeltern sind gerne für die Enkel da, um mit ihnen etwas zu unternehmen, ihnen zuzuhören und alles zu erklären.

Gefährdet ist die Beziehung allenfalls, wenn sie den Enkeln Vorwürfe machen und die sich verändernde Welt abweisen, in der die Heranwachsenden nun mal ihre angestammte Heimat sehen. Meist aber finden die Enkel bei den Großeltern eine Idylle des Wohlwollens und der Gelassenheit vor, die entscheidend viel zu ihrer Entwicklung beiträgt. Großeltern erzählen Geschichten, die ihnen selbst schon erzählt worden sind. Mit ihrem Leben schlagen sie eine Brücke zwischen der »kleinen«, familiären Geschichte, die sie repräsentieren, und der »großen« Geschichte zurückliegender Zeiten, die sie teilweise selbst erlebt haben, sodass sie in den Heranwachsenden ein Bewusstsein dafür wachrufen können. Zwischen dem werdenden Leben der Enkel und dem vergehenden der Großeltern schließt sich der Kreis des Lebens. Beide Seiten können sich eingegliedert fühlen in diesen umfassenden Zusammenhang, der dem Leben Sinn gibt.

Mit den heranwachsenden Kindern selbst noch einmal heranzuwachsen, ist die intensivste und schönste Zeit des Lebens, jedenfalls erscheint mir das im Rückblick so: Mitzuerleben, wie sie die Welt für sich entdecken, verhilft dem eigenen Selbst zur Neuentdeckung der Welt. Und wenn da keine Kinder und Enkel sind? Dann ist es sinnvoll, dennoch den Umgang mit Kindern zu suchen, auf eine Weise, die keine Missverständnisse hervorruft: *Lesepaten* beispielsweise bringen ein Stück Gesellschaft in die Schulen und zeigen den Kindern, dass die fremde Welt »da draußen« sich für sie interessiert, um im Gegenzug von ihnen zu erfahren, was sie bewegt. Jedes Engagement etwa als *Ausbildungspate* oder *Sozialpate* für benachteiligte Kinder kann zum Ankerpunkt für deren Widerstandsfähigkeit (»Resilienz«) werden. Kinder können sich auch unter schwierigen Bedingungen gut behaupten, wenn sie nur ein wenig Zuspruch und Zuwendung erfahren, die sie vielfach dem zurückgeben, der dazu bereit ist. Älter werdende Menschen wiederum fühlen sich länger in das Leben eingebunden, wenn sie am Werden der Kinder teilhaben können. Auch die Integration von Kindergärten in Altenheimen, die hier und da unternommen wird, schafft Möglichkeiten dafür.

Ebenso tragen Geschwister, wenn es sie gibt, zu dem Netz bei, von dem Menschen beim Älterwerden getragen werden. Alle Erfahrungen, belanglose, erfreuliche, leidvolle, können Geschwister aufgrund ihrer Vertrautheit miteinander teilen: Immer ist da jemand, um über alles zu sprechen. Das gesamte Leben hindurch steht diese Beziehung zur Verfügung und kann selbst dann noch Halt bieten, wenn sonst nichts mehr hält. Nur über die größte Hürde des gemeinsamen Lebens müssen die Geschwister irgendwie hinwegkommen: Sich nichts zu neiden und nachzutragen, wenn es ums Erben geht. Nicht alle schaffen das und nutzen lieber die letzte Gelegenheit, alte Rechnungen aus der Kindheit zu begleichen. Manche ziehen es vor, sich bis ans Ende ihrer Tage gram zu sein, nichts und niemand kann sie davon abhalten. Mit jeder Beziehung aber, die verlorengeht, kann aus Gelassenheit Verlassenheit werden.

Was hoffentlich für immer bleibt, ist die Liebe zu

dem Menschen, mit dem das Leben oder wenigstens ein Abschnitt des Lebens geteilt wird. *Ein* Mensch genügt, um gemeinsam mit ihm dem Leben Sinn zu geben: Das ist der Schlüssel dafür, lange jung zu bleiben. Und die Basis dafür, gelassen alles Mögliche durchzustehen. Schön und voller Sinn ist das Leben immer dann und bis zuletzt, wenn da wenigstens einer ist, an dessen Dasein ich Freude habe und der seinerseits Freude daran hat, dass ich da bin, wenngleich vielleicht nicht jeden Tag.

Jetzt aber sind wir mehr als je zuvor auf das *Wohlwollen* füreinander angewiesen, das aus einer Entscheidung hervorgeht, die jeder für sich selbst trifft: »Das ist der Mensch, mit dem ich zusammenbleiben will!« Immer häufiger bedürfen wir wechselseitig der Nachsicht, etwa bei Erinnerungslücken, Konzentrationsschwächen, mangelnder Beweglichkeit, nachlassender Attraktivität. Vor allem dann, wenn einer anders wird, etwa aufgrund von Verbitterung, Depression, Demenz, schwerer Krankheit, kommt es zum Schwur, ob die Liebe Bestand hat bis in den Tod. War der schönste Liebesbeweis in jüngeren Jahren die Bekundung, »bis ans Ende der Welt miteinander zu gehen« und »gemeinsam alt werden zu wollen«, so ist nun die Zeit für den existenziellen Beweis gekommen, dass dies nicht nur schöne Worte waren.

Und von unschätzbarer Bedeutung beim Älterwerden ist die *Freundschaft*. Was bleibt, wenn eine Tätigkeit oder ein Engagement zu Ende geht? Für viele sind es »die Freunde, die ich gewonnen habe«. Mit dem Freund verbinden mich kostbare Erinnerungen, mit ihm kann ich plaudern, bei ihm etwas loswerden – nur nicht zu viel, um ihn nicht zum Müllschlucker zu machen. Vertrautheit ist die Schönheit der Freundschaft: Der Freund ist ein Mensch, von dem ich nichts will und nichts erwarte, mit dem ich einfach nur gerne zusammen bin, weil er so ist, wie er ist. Es macht mich froh, dass da einer ist, der mich mag und ich ihn, bei dem ich Verständnis finde und er bei mir, bei dem ich Privilegien genieße und er wiederum bei mir.

Gelassenheit der Freundschaft: Freunde wohnen selten zusammen, das erspart viel Ärger, selten geht es um Sex, das erspart noch mehr Ärger. Selbstverständlich besteht auch die Freundschaft nicht immer nur aus reinem Glück, aber auf Probleme lässt sich am besten antworten, wenn akzeptiert wird, dass es sie geben kann. Und meistens genügt es, sich für eine Weile nicht mehr zu sehen. Im Laufe der Zeit entwickelt sich zudem ein gutes Gespür dafür, was der Andere mag und wogegen er Abneigung hegt, was ihm guttut und was eher nicht, was er gut kann und was ihn überfordert.

Alle Arten von Beziehung sind von Bedeutung für ein sinnerfülltes, gelassenes Leben, das wird mit zunehmendem Alter klarer. Mit wachsendem Bewusstsein dafür stellen sich Fragen: Wen habe ich aus den Augen verloren? Zu Recht oder nicht? Tut es mir leid? Wüsste ich gerne, was aus ihm oder ihr geworden ist? Womöglich ist es dafür allerdings bereits zu spät und es ist schon in vollem Gange, was die Philosophin Hannah Arendt im Alter von 67 Jahren in ihrem eigenen Lebensumfeld beobachtete, nachdem in ihrem Bekanntenkreis einige Menschen gestorben waren: Die »Transformation einer Welt mit vertrauten Gesichtern (egal, ob Freund oder Feind) in eine Art Wüste, die von fremden Gesichtern bevölkert ist«. Sie nennt dies im Brief vom Dezember 1973 an ihre Freundin Mary McCarthy eine »Entlaubung«, ja, sogar »Entwaldung« der Welt, aus der nicht etwa sie sich zurückziehe, sondern »die Welt ist es, die sich auflöst«. Das ist jedenfalls ihre Wahrnehmung der Welt, die noch etwas Anderes ist als die Welt selbst, aber eine solche Unterscheidung scheint Menschen nicht erst beim Älterwerden schwerzufallen: Wahrnehmung verschmilzt gerne mit der Wahrheit, von der sie doch bestenfalls einen Zipfel erhaschen kann – wie jede Veränderung der Wahrnehmung, die im Laufe des Lebens immer wieder geschieht, bis zuletzt deutlich macht.

Auch alte *Feindschaften* spielen eine Rolle: Jede und jeder muss selbst entscheiden, ob sie bis in den Tod hinein bewahrt werden sollen. Jetzt wäre noch Zeit, nach Versöhnung zu suchen, etwa aufgrund des Gebots der Feindesliebe, das für die christliche Ethik so bedeutsam ist. Es zu befolgen, erfordert in der Praxis jedoch schier übermenschliche Kräfte, praktikabler könnte daher sein, eine bewährte Feindschaft nicht überwinden, sondern auf zivilisierte Weise erhalten zu wollen: Hat sie nicht Kontinuität ins Leben gebracht, oft mehr als andere Beziehungen? Hat der Feind es aufgrund langjähriger Treue nicht verdient, aufrichtige Anerkennung in seiner Rolle zu finden? War es denn nicht die negative Erfahrung von Ärger und Zorn, die dafür sorgte, die positive Erfahrung von Freude und Liebe wieder besser wertschätzen zu können? Wie schön war es doch, gerade in dieser Situation andere Menschen lieben zu können und von ihnen geliebt zu werden! Und jeder kennt auch die Erfahrung, dass ein Feind ein Ansporn zu großen Dingen sein kann, die ansonsten eher schwergefallen wären: »Dem werde ich es zeigen!« Oder ist das jetzt zu kleinlich gedacht? Fehlt es mir an Gelassenheit und Heiterkeit, die die Seele weit machen?

8.

Besinnung, um heiter und gelassen zu werden

Ein achter und entscheidender Schritt zur Gelassenheit ist die Besinnung. Eine Besinnung hilft weiter, wenn Fragen im Raum stehen. Besinnung ist die Suche nach Sinn, nach Zusammenhang, und sie kommt ans Ziel, wenn Zusammenhänge erkennbar werden: »Jetzt macht das für mich Sinn!« Der Sinn, um den es dabei geht, ist eher selten der Sinn *des Lebens*, meist der Sinn *im Leben*, der Sinn einzelner Phänomene und Erfahrungen. Und was kann ich selbst für die verschiedenen Ebenen des Sinns tun, für den körperlichen Sinn aus sinnlichen Erfahrungen, den seelischen Sinn aus gefühlten Beziehungen, den geistigen Sinn aus gedanklichen Überlegungen?

Gerade die Überlegungen richten sich beim Älterwerden in zunehmendem Maße nun doch auf das Ganze des Lebens – hoffentlich nicht, um irgendetwas zu bereuen, sondern um das, was war, sich wieder ins Gedächtnis zu rufen, Zusammenhänge herzustellen und das zu finden, was »Sinn macht«. Die Zeit der Fülle und Erfüllung ist gekommen, in der das ganze Leben zu überblicken ist, und so kann es gedeutet, gewogen und bewertet werden: Woher komme ich, welchen Weg bin ich gegangen, was habe ich erreicht? Was waren und sind meine wichtigsten Beziehungen und Erfahrungen, Träume und Ideen, Werte und Gewohnheiten, Ängste und Verletzungen, und was waren und sind die größten Schönheiten für mich?

Wo zuvor nur ein wirrer Haufen von Erfahrungen war, werden nun Linien sichtbar. Niemand kann beanspruchen, jemals einen vollständigen Überblick über sein Leben zu haben, schon gar nicht über alles Leben, nie lässt sich mit letzter Gewissheit über dessen Sinn oder Sinnlosigkeit urteilen. Nicht die objektive Wahrheit des Lebens steht in Frage, nur die subjektive Lebenswahrheit, die überzeugend erscheint. Etwas im Selbst drängt zu einer Deutung, die das Leben tragen kann, kaum jemandem ist es egal, wie er dieses Leben lebt und gelebt hat. Wenn der eigene Glaube das nicht anders vorsieht, gilt nun: Die eigene Deutung des Lebens ist der oberste Gerichtshof der Existenz, nur vor sich selbst hat ein Mensch sich für sein Leben zu rechtfertigen.

Weggabelungen kommen wieder in den Blick, an denen alles im Leben eine andere Wendung hätte nehmen können, Lebensgeschichte im Konjunktiv: »Was wäre gewesen, wenn …« War es reiner Zufall, wie es gekommen ist? War es meine Anstrengung? Hat jemand Regie geführt? Was verdanke ich Anderen? Wem genau? Welche Möglichkeiten konnte ich mit meinem Leben, meiner Arbeit verwirklichen? Habe ich gekämpft für das, was ich für richtig hielt? War es ein schönes und bejahenswertes Leben, eine erfüllte Existenz? Was war schön, was nicht? Welche Träume gingen in Erfüllung, welche nicht? Was ist gelungen, was nicht? Manches lief ohne mein Zutun falsch, Anderes hätte ich besser anders entschieden. Eine Weile darüber nachzugrübeln ist sinnvoll, aber nicht endlos: Es gab Gründe dafür, so zu entscheiden, das Wissen und die Erfahrung von heute standen damals nicht zur Verfügung. Und wenn nicht alles gelungen ist, muss das kein Ärgernis sein: Es ist nicht so, dass Dinge im Leben und das Leben als Ganzes gelingen müssen. Es ist nicht schlimm, wenn etwas misslingt, schlimm ist lediglich, nichts versucht zu haben, zumindest ist es schade. Auch das Misslingen kann wertvoll sein – vielleicht nicht für mich, aber für Andere, die nun besser wissen können, was geht und was nicht, ein Anhaltspunkt in der Gegenwart und auch in künftigen Zeiten. Neben dem *Blick zurück* tut sich ein neuer *Blick voraus* auf, der über das eigene Leben hinausreicht: Was bleibt von dem, was mir wichtig war und ist? Liegt mir überhaupt daran, dass etwas bleibt? Was kann ich noch dafür tun? Nicht irgendwann, sondern jetzt ist die richtige Zeit dafür, nachzuarbeiten und nachzujustieren, auch dazu, mich aufzuraffen und Festlegungen über Hinterlassenschaften zu treffen, zu denen nicht mehr nur analoge, sondern auch digitale Besitztümer nebst Zugangsdaten gehören.

Mithilfe von Besinnung kann anstelle einer finalen Nervosität schließlich die ultimative Gelöstheit entstehen, die auch als *Heiterkeit* bezeichnet werden kann. Die Frage nach Sinn, nach Zusammenhang, hat in diesem Fall zu Antworten geführt, die etwas klären und erklären können und zumindest subjektiv vieles geordnet erscheinen lassen. Eine Besinnung in größerem Stil war für Demokrit, der sich im 5./4. Jahrhundert v. Chr. mit der Bewegung kleinster Teilchen, der Atome, erstmals das Geschehen der Welt erklären konnte, ein Grund für das Entstehen von Frohgemutheit (*euthymia* im Griechischen). Seine Heiterkeit, die er für das höchste innere Gut hielt, unabhängig von äußeren Gütern und sinnlichen Befriedigungen, wurde so legendär, dass er als lachender Philosoph in die Geschichte einging.

Sicherlich ist dies ein Grundzug der Heiterkeit: Humorvoll zu sein und lachen zu können. Aber nicht ohne Unterlass. Heiterkeit ist nicht identisch mit Fröhlichkeit, mag es auch große Schnittmengen geben. Wer von sich sagen kann, »ich bin ein froher Mensch«, muss nicht unentwegt fröhlich sein. Der Anlass zur Fröhlichkeit ist meist an Momente und Phasen des Lebens gebunden, während das Glück des frohen Menschen das *Glück der Fülle* ist, das weit mehr in sich birgt als das Leben im jeweiligen Moment. Es gleicht dem Glück des Kindes – eine kindliche Erfülltheit und Unbefangenheit kann im Alter wiedergewonnen werden, nun aber verbunden mit einer Dankbarkeit für all das, was war, und mit einem umfänglichen Blick auf das Leben, der vom Reichtum der Erfahrungen erst ermöglicht wird: Blick auf die Zeiten, in denen dieses Ich sich entwickeln und entfalten konnte; Blick auf die Räume, die es durchmessen hat; Blick auf die Wege und vor allem Um- und Abwege, die sich im Rückblick oft als das Spannendste im Leben erweisen. Nur auf dem langen Weg, der zurückgelegt worden ist, durch mannigfache Schwierigkeiten hindurch, konnte diese herbstlich reiche, reife Fülle erlangt werden, die nun das gesamte Leben mit allen positiven und negativen, angenehmen und unangenehmen, oberflächlichen und abgründigen Erfahrungen umfasst.

Einverstanden zu sein mit dem Leben, von Grund auf, wenn auch nicht in allen Details, ist die Grundstimmung der Heiterkeit, voller Vertrauen auf das Leben, das bringt, was das Selbst braucht, und ihm die Mittel an die Hand gibt, alles Andere zu bewältigen. Das Einverständnis mit dem Leben kann alle Beschwernisse des Alters überwiegen. Es geht mit der *Gelassenheit* einher, die nicht schwer ist, da sie vom *Lassen* kommt, das wiederum von selbst leichter wird, wenn das Tun schwerer fällt: Dinge einfach geschehen zu lassen und sie nicht komplizierter zu machen, als sie es sowieso schon sind. Anderen den Vortritt zu lassen und sie machen zu lassen. Im Takt, den das Leben vorgibt, nachzulassen. Bereitwillig gehen zu lassen, was nicht mehr bleiben kann. Sich willentlich dem zu überlassen, was kommt. Auch die Katastrophe kommen zu lassen, die das Leben wenden wird, auf welche Weise auch immer.

Nicht alles muss immer gelassen gesehen werden, aber wozu jetzt noch wütend werden? Vielleicht hier und da noch, des Kontrastes wegen. Auch die Gelassenheit muss atmen können: Bei ihrem Ausatmen handelt es sich um die Auszeiten, die sie sich nimmt. Tief einatmen aber heißt: Gelassener, freimütiger als früher kann ich sagen, was ich denke, denn ich habe nichts mehr zu verlieren. Es kann eine altersmilde und muss keine aggressive Freimütigkeit mehr sein, das Testosteron lässt ohnehin nach. Alles ist jetzt Kür, nichts mehr Pflicht. Niemandem muss ich noch etwas beweisen, nicht mir selbst, nicht Anderen, und wäre es anders, wäre es ohnehin zu spät dafür.

Ein wenig *Weisheit* wird möglich, wie sie dem Alter zugeschrieben wird und fast ohne Anstrengung ganz von selbst zustande kommt – weil nämlich die Kraft fehlt, Dummheiten durchzustehen. Weise ist der Mensch, der mit dem zu leben weiß, was ihm im Moment zur Verfügung steht. Auch misslichen Umständen kann er etwas abgewinnen: »Irgendetwas kann ich daraus lernen.« Er hat viel gelernt im Laufe des Lebens und weiß viel, weiß aber auch um die Relativität allen Wissens. Mit reichem Gespür vermag er eine gegenwärtige Situation und künftige Entwicklung einzuschätzen. Er kennt die Fülle menschlicher Möglichkeiten und Unmöglichkeiten und versteht etwas von den Zusammenhängen und wiederkehrenden Regelmäßigkeiten des Lebens: Das ermöglicht ihm, das Leben wie von außen zu betrachten, mit der gelassenen Distanz, die ihm in jugendlicher Aufgeregtheit allzu oft fehlte.

Heitere Gelassenheit schließt auch Traurigkeit nicht aus: Das Einverständnis mit dem Leben und dem Älterwerden umfasst auch diese Seite. Jeden Abend beim Schlafengehen empfinde ich tiefe Dankbarkeit für diesen Tag – und abgrundtiefe Traurigkeit darüber, dass er vergangen ist. Die Schwelle zur Nacht dieses Tages erinnert mich immer häufiger an die Grenze des Lebens. Das ganze Leben schrumpft zu einem Tag, der sich zur Nacht hin neigt, die vielleicht nur die Nacht vor einem neuen Morgen ist, aber das kann mich kaum trösten. Beim Blick voraus auf das Ende des großen Lebenstages frage ich mich, wie ich zu einer letzten Balance finden kann, wenn es darauf ankommt, die helle Freude, das Werk des Lebens vollenden zu können, aufzuwiegen gegen die dunkle Trauer, davon Abschied nehmen zu müssen.

9.
Ein Verhältnis zum Tod,
um mit ihm leben zu können

Gelassenheit ist, was wir gewinnen können, wenn wir älter werden. Ein neunter Schritt auf dem Weg zu ihr ist, eine Haltung zur Grenze des Lebens zu finden, die näher rückt. Immer häufiger sind wir mit dem Tod Anderer konfrontiert, der jedes Mal nahegeht, manchmal sehr nahe, und wir ertappen uns bei dem Gedanken: Er oder sie hat es hinter sich. Sind die eigenen Eltern nicht mehr da, ist von diesem Moment an klar: Wir selbst stehen nun an der Front, kein Puffer ist mehr zwischen hier und dort.

Was mich tief beeindruckte bei meiner Mutter, war ihre Gelassenheit nicht nur beim Älterwerden, sondern auch angesichts des Todes, auch an dem Tag, als es so weit war und sie nur sagte: »Ich weiß, wohin ich gehe.« Es stand für sie außer Frage, dass sie ihren geliebten Mann wiedersehen würde, meinen Vater, der Jahre früher gestorben war. Er, der immer verkündet hatte, »das Sterben verschieben wir bis ganz zuletzt«, meinte noch auf dem Sterbebett zu meinen Geschwistern, die bei ihm waren: »Ich werde euch jetzt zeigen, wie man stirbt.« Er starb mit 84, sie mit 88 Jahren, meine Großeltern wurden noch deutlich älter: Ist das mein Zielkorridor?

Nicht nur das Leben, sondern auch der Tod ist eine Frage der Deutung. Was er wirklich ist, weiß kein Mensch. Das ist vermutlich das Beunruhigende an ihm. Beruhigend kann allenfalls seine Deutung sein. Er kann als Ereignis gedeutet werden, das dem Leben Sinn gibt, da er die Grenze markiert, die das Leben erst wertvoll macht. Wertvoll ist, was begrenzt verfügbar ist, daher wird Edelsteinen mehr Wert zugesprochen als Kieselsteinen. Aus der Begrenztheit der Zeit resultiert das Bemühen um ein *Edelsteinleben*, zu dem sich die schönen Momente verdichten lassen, die in der zur Verfügung stehenden Zeit gesammelt werden. Ein mangelndes Bewusstsein für die Grenze könnte ein *Kieselsteinleben* zur Folge haben, in dem nur endlos viele graue Momente aufeinander folgen. Dass eine zeitliche Grenze erkennbar ist, motiviert dazu, aus dem Leben etwas zu machen, das bejahenswert erscheint – so weit das möglich ist. Sollte es gelingen, die Grenze in Richtung Ewigkeit zu verschieben, würden wohl viele Menschen ewig auf »das Leben« warten, denn wozu die schwierige Arbeit der Verwirklichung von Möglichkeiten, ja, schon die Mühe des Aufstehens morgens auf sich nehmen, wenn all dies ewig aufgeschoben werden könnte?

Aber kann der Tod auch sterben? 2009 ging der Nobelpreis für Medizin an Forscher, die die Funktion der *Telomere* (griechisch *telos* für Ende und *meros* für Teil) in den Zellen von Lebewesen entdeckten. An den Enden der DNS-Fäden bilden sie eine Art von Schutzkappe, die die Reproduktion der Zellen sichert. Mit fortschreitendem Alter werden sie abgenutzt, bis die Reproduktion abbricht. Es sind also die Telomere, die das Altern und Sterben regulieren. Das Enzym *Telomerase*, das »Jungbrunnenenzym«, kann sie jedoch reparieren: Das geschieht auf natürliche Weise in Stammzellen, die damit praktisch unsterblich sind. Telomerase-Medikamente könnten den Prozess auch künstlich einleiten, humanmedizinische Experimente lassen nach ausreichend vielen Tierversuchen sicher nicht lange auf sich warten: War eine echte Verjüngungskur nicht immer schon der Traum des menschlichen Lebens? Wo ist das Problem? Beispielsweise könnte unbeabsichtigt Krebs verursacht werden, denn das Telomerase-Enzym bewirkt auch eine endlose Reproduktion von Krebszellen.

Der Tod könnte hartnäckig leben wollen: Ein Aspekt der unbekannten Wahrheit des Todes könnte sein, dass es ihn wohl nicht gäbe, wenn er sich im Prozess der Evolution nicht schon seit langem als sinnvoll erwiesen hätte. Alles Einzelne muss vergehen, damit das Leben als Ganzes weitergehen kann: Das betrifft nicht nur mich, sondern jedes Ich, jedes Wesen, auch wenn Menschen den Tod für die größte Sinnlosigkeit des Lebens halten. Der Tod bricht das Leben jedes Einzelnen wieder ab und schafft damit Platz für neues Leben, dessen Gene neu gemischt werden, sodass es sich mit frischen Kräften daranmachen kann, neue Möglichkeiten zu realisieren, den alten Problemen auf neue Weise zu begegnen oder erneut daran zu scheitern. Evolutionär ist dieses Modell deutlich erfolgreicher als

die endlose identische Reproduktion von Pantof-
feltierchen.

Solange es beim Tod bleibt, hat jeder einzelne
Mensch jedoch eine letzte Entscheidung zu treffen,
denn auch der Tod ist längst modernisiert worden:
Soweit es möglich ist, ihn noch immer, wie einst in
vormoderner Zeit, einfach *geschehen zu lassen*, ent-
scheide ich mich dafür. Sollten Komplikationen
auftreten, auf die ich selbst nicht mehr antworten
kann, bitte ich vorweg meine engsten Angehöri-
gen, für mich zu entscheiden. Sie kennen mich und
wissen, was ich im Zweifelsfall bevorzugen würde.
Andere hinterlegen genauere Anweisungen, ohne
allerdings jeden möglichen Fall im Detail vorweg
bedenken zu können.

Möglich ist ebenso die *aktive Selbsttötung*, die in
der westlichen Kultur lange geächtet wurde, aber
die Sanktionierung eines Zuwiderhandelns erwies
sich dauerhaft als schwierig. Diese Form der Selbsttötung kann mit *passiver Sterbehilfe* einhergehen,
wenn ein Mensch Wert darauf legt oder geradezu
angewiesen ist auf die Beihilfe Anderer, die ihm
beispielsweise geeignete Mittel besorgen. Alle Ver-

antwortung für den Vollzug der eigenständigen aktiven Selbsttötung bleibt beim Vollziehenden selbst, aber eine doppelte Rücksichtnahme von seiner Seite wäre wünschenswert: *Auf sich selbst* mit der Frage, ob es fair ist, sich solche Gewalt anzutun, insbesondere denjenigen Stimmen im eigenen Selbst, die womöglich anderer Meinung sind. *Auf Andere* mit der Frage, ob genügend bedacht worden ist, was dieser äußerste Schritt für sie bedeuten wird: Könnten sie durch den Tod des Selbst seelisch oder materiell in eine üble Lage geraten? Oder ist gerade dies die Absicht, ihnen Schwierigkeiten zu hinterlassen und sie zur endlosen Deutung der vollzogenen Selbsttötung zu nötigen? Denn vor allem dieser Tod treibt eine nicht enden wollende Unruhe der Lebenden hervor: Lag es an mir? Was habe ich falsch gemacht? Habe ich etwas übersehen? Was hätte ich tun können?

Eine weitere Möglichkeit ist die *passive Selbsttötung* aufgrund eigener Entscheidung, aber ohne aktiven Vollzug, beispielsweise beim Verzicht auf Essen und Trinken. Passiv ist eine Selbsttötung auch dann, wenn *aktive Sterbehilfe* in Anspruch genommen wird, die jedoch einige Probleme mit sich bringt: Unweigerlich übernehmen damit Andere die Verantwortung über Leben und Tod. Gründe der Vorsicht (für den Handelnden) und der Rücksicht (für den Betroffenen) sprechen für gesetzliche Regelungen, sonst könnten im Einzelfall noch Zweifel aufkommen, ob der Tod auf einen Wunsch des Betroffenen oder auf ganz andere Wünsche Anderer, etwa Erbwünsche, zurückgeht. Regelungen erscheinen sinnvoll, wie sie in den Niederlanden seit langem praktiziert werden: Dass der Sterbewunsch wohlüberlegt sein muss und wiederholt zu bekräftigen ist, um eine momentane Gefühlsaufwallung auszuschließen. Dass Ärzte unabhängig voneinander eine unheilbare Krankheit diagnostizieren müssen und die aktive Sterbehilfe ausschließlich von einem Arzt vollzogen werden darf.

Nicht zuletzt aufgrund der modernen Möglichkeiten des Todes ist es ratsam, beizeiten an ihn zu denken. Aus anderen Gründen war das *Denken an den Tod* schon seit Pythagoras im 6. Jahrhundert v. Chr. eine philosophische Übung, um während des Lebens immer wieder vom vorgestellten äußersten Punkt auf das Leben zurückzublicken, es zu bewerten und gegebenenfalls neu zu orientieren. Oft denke ich selbst an den letzten Tag, die letzte Stunde, vor allem beim Einschlafen oder bei einem kleinen Schlaf zwischendurch. Sicher ist, dass es diesen letzten Moment geben wird, unsicher nur, wie er aussehen wird. Unmöglich zu wissen, wo und wie *es* letzten Endes genau geschehen wird, selbst dann, wenn es geplant werden sollte. Aber eine Vorstellung kann ich mir machen. Wozu? Um die Angst vor dem Tod zu verlieren? Das ist mir bisher nicht gelungen, der Tod erscheint mir als Ungeheuerlichkeit. Wozu dann? Um damit vertraut zu werden, dass es etwas so Befremdliches gibt, und um mehr Klarheit darüber zu gewinnen, was mir angesichts des Todes im Leben wichtig ist.

Ich stelle mir vor, dass der Tod das Ende der Zeit, das Ende der Welt sein wird, wenngleich nur für mich. Wenn mein letzter Tag anbricht, soll es ein normaler Alltag sein, wie ich ihn liebe. Nur dass ich an diesem Tag nicht mehr arbeite. Morgens wie immer eine kleine Meditation noch im Bett, an ein unsichtbares Gegenüber gerichtet, meine Art von

Religion. Nach einer ausgiebigen Dusche genieße ich mein selbst gemischtes Supermüsli und durchstöbere wie gewohnt die Tageszeitung. Dann suche ich eines meiner Lieblingscafés auf, heute dasjenige, in dem 30, 40 Kaffeesorten zur Auswahl stehen. Ich wähle eine milde Sorte, den *Ecuador Vilcabamba* aus dem Tal der Hundertjährigen – es wäre mir eine große Freude, selbst ein ähnlich hohes Alter erreicht zu haben. Dazu verspeise ich, was ich mir sonst nicht so gerne erlaube, einen zuckersüßen Kirschkuchen. Es bleibt noch Zeit für einen letzten Besuch bei den engsten Verwandten der Spezies, der ich in diesem Leben zugehörte: Ich gehe hinüber zu den Affen im Zoo und staune noch einmal darüber, wie ähnlich wir ihnen sind, wie sich aber winzige anfängliche Unterschiede zu markanten Differenzen ausgewachsen haben, etwa die Sehnsucht nach dem immer Anderen, die die Menschen in die Welt hinausgetrieben hat, und die immerwährende Bereitschaft, neue Möglichkeiten des Lebens zu erkunden.

All das mache ich alleine, dann ist meine Familie an der Reihe: Von meinen beiden älteren Söhnen, meinen Geschwistern und den liebsten Freunden habe ich mich bereits telefonisch verabschiedet. Na gut, ich habe es nicht klar gesagt, es ist so schrecklich, zum allerletzten Mal miteinander zu sprechen und das auch noch zu wissen, mehr als einmal habe ich das erlebt. Mit meinem jüngsten Sohn nehme ich eine letzte Männermahlzeit ein, die wir immer »Mäma« nannten: Deftiges Essen, wie ich es aus meiner bayerischen Heimat kenne, und doch weit bescheidener als *Le dernier repas*, wie es Jacques Brel 1964 besang. Der baldige Abschied verschlägt uns hoffentlich nicht den Appetit, aber über den Tod haben wir, wie es sich für einen Philosophenhaushalt gehört, immer wieder mal gesprochen. Mit meiner Tochter lese ich noch einmal, wie sie es liebt, Oscar Wilde auf Englisch, aktuell *Lady Windermere's Fan*.

Wie Wilde bereue auch ich nur die Sünden, die ich nicht begangen habe. Vielleicht hatte ich ein paar Eskapaden zu wenig, dafür konnte ich viele Jahre viele schöne Dinge mit der Frau meines Lebens unternehmen, und so soll es auch in den letzten Stunden sein: Der letzte Abend gehört uns, gemeinsam schlafen wir ein, und ich habe hoffentlich nicht vergessen, gerade noch rechtzeitig die bedeutsamen letzten Worte zu sagen, zumindest aber sie zu denken: Dass es ein sehr schönes Leben war. Oder, was mir oft im Leben auf die Lippen kam: »Danke, Herr, dass du mir so viel Schönes geschenkt hast!«

Wen ich mit »Herr« meine? Das weiß ich nicht. Es schien mir nur immer so, dass etwas, das viel größer ist als ich, mir dieses Leben gegeben und mich durch dieses Leben geführt hat. Handelt es sich um eine kosmische Kraft? Selbst wenn es so sein sollte, nehme ich nicht im Ernst an, dass sie weiß, was sie tut. Es ist nur ein Gedanke, dass ein unabsehbares Meer mich umspült, mich trägt und unendlich weit über mein Leben hinausreicht. Und dass es ein weiteres Mal so sein könnte, wie es so oft im Leben war: Dass in dem Moment, in dem ein Raum sich schließt, ein neuer sich öffnet.

10.
Gedanken zu einem
möglichen Leben nach dem Tod

Möglicherweise kommt einem Menschen jetzt erst eine *metaphysische* Dimension in den Sinn. Die muss keineswegs, wie manche glauben, »jenseits der Natur« sein (*ta meta ta physika*, wie eine Schrift des Aristoteles nachträglich betitelt wurde). Es könnte sich auch um die diesseitige kosmische Natur handeln, die jede Endlichkeit unendlich weit überschreitet, sie also im Wortsinne »transzendiert«. Gelassenheit ist das Gefühl und der Gedanke, sich in einer Unendlichkeit geborgen zu wissen, für die es nicht wichtig ist, welchen Namen sie trägt. Wichtiger ist, mit der Endlichkeit versöhnt sein zu können in der Zeit, in der das Ende näher kommt, vielleicht sogar ganz kindlich darauf zu vertrauen, einem größeren Ganzen zuzugehören, wie ein Kind ja auch darauf vertraut, Teil der Welt zu sein, aus der es hervorgegangen ist. Diese Haltung liegt jetzt nahe, eine andere bleibt ohnehin kaum übrig.

Der Tod ist das Tor zur Erfahrung von Transzendenz, weltlich oder religiös verstanden. Von Bedeutung dafür ist nicht, wie es sich in Wahrheit verhält: Letztlich kommt es nicht auf das Wissen an, das kein Mensch mit letzter Gewissheit haben kann, sondern auf die *Deutung*, die jeder für sich selbst vornimmt, sei es auf der Basis von Plausibilität (was ihm einleuchtet) oder von Ästhetik (was ihm schön erscheint). Dann kann die Annahme einer Transzendenz zur Lebenswahrheit für den jeweiligen Menschen werden. Das ist der mögliche zehnte Schritt zur Gelassenheit: Das Leben zu öffnen zu einer unendlichen Dimension, die sich jenseits des endlichen Lebens auftut, sie sich zumindest vorzustellen. Gerade im Moment der äußersten Schwäche kann ein Mensch sich dann eingebettet fühlen in einen Sinn, der mit seiner Fülle über das gelebte Leben hinaus eine mögliche Sinnlosigkeit fernhält – sofern jemand nicht lieber gerade in ihr die letzte Wahrheit sehen will.

Der Sinn, der Zusammenhang, um den es dabei geht, ist mutmaßlich der umfassendste, da er die Endlichkeit mit einer Unendlichkeit verbindet.

Dass ein solcher Sinn *möglich* ist, *ahnt* ein Mensch sein ganzes Leben hindurch bei ekstatischen Erfahrungen, in intensiver Sinnlichkeit, in der starken Bewegtheit durch Gefühle, bei ausgiebigen Ausflügen ins Reich der Gedanken, bei einem tiefschürfenden Gespräch oder einer Lektüre, beim Versinken im Spiel oder in einer Tätigkeit, bei jeder Art von »Flow« und Traumseligkeit. Typisch dafür ist immer: Selbstvergessenheit, Zeitlosigkeit, Allverbundenheit, Intensität. Wir nennen diese Erfahrungen oft *göttlich,* und sie sind so stark, dass sie lange im Gedächtnis bleiben. Die Intensität der *Energie,* die dabei erfahren wird, gibt der Vermutung Nahrung, dass sie das Wesentliche, Eigentliche des Lebens sein könnte, das über das Ich und seine Zeit weit hinausreicht.

Alle Arten von Sinn im Sinnlichen, Seelischen und Geistigen vermitteln einen Eindruck davon. Und am Ende des Lebens wird deutlich, dass es *Energien* sind, die den lebenden vom toten Körper unterscheiden, aus dem sie jetzt entweichen. Es handelt sich dabei nicht etwa nur um geheimnisvolle, unfassbare, sondern auch um gut bekannte und messbare Energien: Wärmeenergie, elektrische Energie, Bewegungsenergie. Zumindest für diese physikalischen Energien aber gilt der *Energieerhaltungssatz*, den Hermann von Helmholtz 1847 formulierte und der seither nie widerlegt worden ist: Energien können in andere Energieformen umgewandelt, nicht jedoch vernichtet werden. Im Klartext heißt das: *Energie stirbt nicht.* Ein anderes Wort für Energie könnte *Seele* sein, von der alle Kulturen außer der modernen immer schon angenommen haben, dass sie unsterblich sei. Mit dem Tod wird klar, dass dieses Wesentliche, das jedes Wesen von Anfang an durchdringt und aufleben lässt, am Ende wieder entschwindet. Aber wohin? Was ist mit dem Menschen, der »geht«?

Die Energie seines Lebens ist wohl weiterhin »da«, kein Quantum geht verloren, ohne genau lokalisierbar zu sein. Schon rein körperlich scheint es keinen wirklichen Tod zu geben: Alle Atome und Moleküle gehen früher oder später in andere Atom- und Molekülverbände über, nichts davon wird zu nichts. Der Körper hört in der gegebenen Form zu existieren auf, alle seine Bestandteile werden jedoch in andere Formen umgewandelt. Mit der Energie der Seele könnte es sich ähnlich verhalten, und weil Energie nicht altert, kann die Seele sich schon zu Lebzeiten im älter werdenden Körper noch lange jung fühlen.

Was altert, ist das äußere Erscheinungsbild des Menschen, nicht sein innerstes Wesen, vergleichbar der Vorstellung, die Oscar Wilde im Roman *Das Bildnis des Dorian Gray* von 1890 entwarf: Dessen Bild altert, nicht er selbst. Im wirklichen Leben könnte dieses Bild der Körper sein, der im Spiegel sichtbar wird: Er altert in dem Maße, in dem die Energie aus ihm entweicht, erfahrbar als schwindende Kraft. Aber das betrifft nur das Bild, das der Körper ist, während die Energie selbst, das Eigentliche des Menschen, das Seele genannt werden kann, nicht altert. Sie bleibt für immer jung, also doch *Forever Young*, aber auf ganz andere Weise als zunächst gedacht.

Auch über den Tod hinaus? Vorstellbar ist, dass die Energie eines Menschen ins Meer der kosmischen Energie zurückfließt, aus dem heraus neue Formen des Lebens mit Energie erfüllt werden.

Auf diese Weise könnte der Tote in anderen Menschen, Wesen und Dingen wieder aufleben: Ewige Wiederkehr des Lebens. Handelt es sich um eine Wiedergeburt? Vielleicht, aber wahrscheinlich in veränderter Gestalt, jedenfalls ist noch nie die Wiedergeburt einer identischen Gestalt beobachtet worden, auch in der Epoche des Klonens ist sie nicht zu erwarten. Zumindest ist es denkbar, dass aus dem Energiefeld heraus eine andere Gestalt *reinkarniert*, Energie also wieder zu Fleisch (*caro* im Lateinischen) und zu einem Körper wird. Ähnlich wie beim Erwachen aus einem Traum könnten immerhin Erinnerungen an ein früheres Leben in anderer Gestalt wach werden, und genau dies nehmen manche Menschen an sich selbst auch wahr, überzeugt davon, in anderer Zeit »schon einmal da gewesen zu sein«.

Wenn dann wieder ein Ich entsteht, beginnt erneut das große Staunen. Atome staunen nicht, staunen kann nur die Kombination von Atomen, die irgendwann »Ich« sagt. Bis zum letzten Atemzug, stelle ich mir vor, werde ich selbst über die Phänomene und Zusammenhänge des Lebens staunen, bevor mein

Ich vergeht und nach unbestimmter Zeit eine andere Kombination wieder »Ich« sagen wird, ohne dasselbe Ich zu sein. Kann es wirklich ein *anderes Leben*, ein Leben nach dem Tod geben, nachdem ein Mensch sich in seiner bisherigen Gestalt aufgelöst hat? Ist vielleicht sogar eine Wiedervereinigung mit geliebten Menschen in energetischer Form möglich (und wohl leider auch mit allen anderen)? Einige Plausibilität mag dafür sprechen, dennoch bleibt es eine Deutung, dass das Leben, anders als moderne Menschen dies gerne annehmen, am Ende nicht in ein Nichts stürzt, sondern in etwas Anderes und Größeres übergeht – letztlich der einzige *Transhumanismus*, der eine große Zukunft vor sich hat und dafür keiner futuristischen Techniken bedarf. Den Menschen zu transzendieren, ihn zu überschreiten, geschieht weiterhin, wie eh und je, im Tod.

Und *wozu* das alles? Was ist der Sinn allen Seins? Wenn Energie als das Wesentliche des Seins und Daseins verstanden werden kann und das Wesentliche der Energie wiederum in der Fülle von Möglichkeiten zu sehen ist, die in ihr gespeichert sind, dann ergibt sich daraus: Der Sinn allen Seins

könnte sein, alle Möglichkeiten des Seins durchzu-
spielen, ohne weiteren Zweck, bis in alle Ewigkeit,
ad infinitum. Sollte der Prozess jemals an ein Ende kommen, dann wieder von vorne, *da capo.* Der
Sinn des *menschlichen* Lebens könnte demgemäß
darin liegen, alle Möglichkeiten des Menschseins
zu erproben, jeder Mensch eine einzige oder einige
wenige, denn für viel mehr reicht die Lebenszeit
nicht aus. Das menschliche Leben kann geradezu als eine traumhafte Erfindung der Natur betrachtet werden. Auch als eine absurde Erfindung?
Vielleicht, aber das erhöht nur den Reiz, sich an
dieser herrlich absurden Ausnahmeerscheinung zu
erfreuen, ihre Möglichkeiten immer weiter zu erkunden und sich an der Ausgestaltung ihrer Wirklichkeit zu beteiligen.

Der Sinn des *einzelnen* menschlichen Lebens
könnte der individuelle Beitrag zur vollen Ent-
faltung der Möglichkeiten des Lebens sein, auch
wenn es sich nur um eine Winzigkeit handeln
sollte, die dem Einzelnen selbst unbedeutend erscheint: Ich bin eine der Möglichkeiten, die das
Leben bereichern, das ist der Sinn meines Lebens,

von Anfang an und bis zuletzt. Für alle ist das so. Jede Erfahrung jedes Einzelnen ist aus der Sicht des Ganzen von Bedeutung: Die gesamte Evolution profitiert vom schnellen Durchspielen der Möglichkeiten in zahllosen Einzelleben. Was im Kleinen getestet worden ist, kann in den großen Prozess übernommen werden, vergleichbar mit der Erkundung vieler Reiseziele durch viele Menschen: Jeder erkundet ein Ziel oder einige, und die Erfahrungen sprechen sich herum, bis schließlich alle wissen, was sich lohnt und was nicht.

Als Übergang zu einem anderen Leben könnte der Tod noch als schön und bejahenswert erscheinen. Vielleicht ist er tatsächlich nichts Anderes als ein Übergang vom Wachzustand zum Schlaf. Im Leben selbst fällt es nicht immer leicht, sich diesem anderen Zustand anzuvertrauen. Erst wenn einen die große Müdigkeit überkommt, geht alles wie von selbst. Ebenso wäre nun darauf zu vertrauen, dass nicht alles Leben mit dem Tod zu Ende ist, nur das gelebte Leben in dieser Gestalt, das sich im *Seinsschlaf* erholt für ein anderes Leben. Und so, wie ein Schlaf heilsam sein kann, könnte auch der Seinsschlaf die Verletzungen des Lebens heilen, bevor es auf andere Weise von Neuem beginnt. Unerledigtes aus dem alten Leben könnte jetzt einem möglichen anderen Leben anvertraut werden, um mit heiterer Gelassenheit schon diesseits der Grenze ins Offene hinein zu leben. Auf die Möglichkeit eines anderen und neuen Lebens setzen zu können, entlastet uns, die wir älter werden, vom Lebensstress, dem angeblich »einzigen Leben« alles abverlangen zu müssen. Und wenn es sich dann doch noch anders verhalten sollte? Dann war dieses eine Leben wenigstens ein schönes Leben.

Zum Autor

Wilhelm Schmid, geboren 1953 in Billenhausen (Bayerisch-Schwaben), lebt als freier Philosoph in Berlin und lehrt Philosophie als außerplanmäßiger Professor an der Universität Erfurt. Umfangreiche Vortragstätigkeit, seit 2010 auch in China. 2012 wurde ihm der deutsche Meckatzer-Philosophie-preis für besondere Verdienste bei der Vermittlung von Philosophie verliehen, 2013 der schweizerische Egnér-Preis für sein bisheriges Werk zur Lebens-kunst. Er studierte Philosophie und Geschichte in Berlin, Paris und Tübingen. Viele Jahre war er tätig als Gastdozent in Riga/Lettland und Tiflis/Georgi-en sowie als »philosophischer Seelsorger« an einem Krankenhaus in der Nähe von Zürich/Schweiz.
www.lebenskunstphilosophie.de
Twitter @lebenskunstphil

Buchpublikationen

Dem Leben Sinn geben. Von der Lebenskunst im Umgang mit Anderen und der Welt, 2013, Suhrkamp Verlag.

Unglücklich sein. Eine Ermutigung, 2012, Insel Verlag.

Liebe. Warum sie so schwierig ist und wie sie dennoch gelingt, 2011, Insel Verlag.

Die Liebe atmen lassen. Von der Lebenskunst im Umgang mit Anderen, 2013, Suhrkamp Taschenbuch. Ursprünglich unter dem Titel: *Die Liebe neu erfinden*, 2010, Suhrkamp Verlag.

Ökologische Lebenskunst. Was jeder Einzelne für das Leben auf dem Planeten tun kann, 2008, Suhrkamp Taschenbuch.

Glück. Alles, was Sie darüber wissen müssen, und warum es nicht das Wichtigste im Leben ist, 2007, Insel Verlag.

Die Fülle des Lebens. 100 Fragmente des Glücks, 2006, Insel Taschenbuch.

Die Kunst der Balance. 100 Facetten der Lebenskunst, 2005, Insel Taschenbuch.

Mit sich selbst befreundet sein. Von der Lebenskunst im Umgang mit sich selbst, 2004, Suhrkamp Taschenbuch.

Schönes Leben? Einführung in die Lebenskunst, 2000, Suhrkamp Taschenbuch.

Philosophie der Lebenskunst – Eine Grundlegung, 1998, Suhrkamp Taschenbuch Wissenschaft.

Was geht uns Deutschland an? Ein Essay, 1993, Edition Suhrkamp.

Auf der Suche nach einer neuen Lebenskunst, 1991, Suhrkamp Taschenbuch Wissenschaft.

Die Geburt der Philosophie im Garten der Lüste, 1987, Suhrkamp Taschenbuch.